労働者の国際移動と社会保障

EUの経験と日本への示唆

増加する労働者の国際移動への対応は日本の大きな課題である。本書は、国境を越えて移動する人々の社会保障制度の調整に関する知識や経験が豊富にあるEUでの取組みを検討し、それを踏まえて日本における問題解決策を提案する。

著者─松本勝明

旬報社

はしがき

　国際的な経済環境の変化，経済連携の強化などを背景として，日本に来て働く外国人，外国に行き働く日本人は今後いっそう増加すると予想される。このような労働者およびその家族が安心して生活するうえで，社会保障が適切に受けられることは不可欠な条件である。

　しかし，各国の社会保障制度は，それぞれの事情を反映した国内制度として発展してきており，相互に整合性が図られているわけではない。このため，国境を越えて移動する労働者等は，社会保障に関して様々な問題に直面する可能性がある。そのことは，国境を越えて移動する労働者等が生活していくうえで問題であるだけでなく，労働者等の移動を阻害する原因となるおそれがある。

　人が国境を越えて移動することにともない社会保障に関して生じる問題については，ヨーロッパにおいては社会保険が成立した直後の19世紀の終わりごろから国家間で協定を締結することにより解決が図られてきた。現在のEUの前身であり1957年に設立された欧州経済共同体においては，加盟国国民である労働者に対して加盟国間での自由移動が保障された。自由移動を促進するための重要な手段として，加盟国間を移動する労働者およびその家族を対象とした社会保障制度の調整が実施された。そのねらいは，加盟国間を移動する労働者等がそれによって社会保障に関する不利を被らないようにすることにあった。

　その後，この調整の制度については，加盟国の拡大により地理的な適用範囲が拡大されただけでなく，対象者の範囲が労働者に限らないすべての加盟国国民にまで拡大されるとともに，調整方法の改善が行われてきた。今日，この制度は，すべてのEU市民（加盟国国民）を対象に，

社会保障の広範な分野における給付について包括的な調整を行うものへと発展を遂げている。

このように長年にわたりこの問題への取組みが行われてきたヨーロッパにおいては，国境を越えて移動する人々についての社会保障制度の調整に関する様々な知識や経験が蓄積されている。それらは日本と外国との間を移動する人々の社会保障について考える際にも重要な基盤になりうるものである。

本書は，EUにおける社会保障制度の調整を対象として，その目的，内容，効果，問題点などについて分析・検討し，調整の意義と課題を明らかにすることをおもな目的としている。さらに本書は，EUにおける社会保障制度の調整についての検討結果などを踏まえ，日本におけるこれまでの取組みの評価を行うとともに，問題解決策を示そうとするものである。

本書の構成は次のようになっている。第Ⅰ部（第1章から第9章まで）では，EUにおける社会保障制度の調整を検討対象としている。そのうち第1章から第3章までにおいては，総論として，EUにおける「人の自由移動」の目的，構造および特徴，ならびにEU規則にもとづく調整の基本原則および主要内容についての検討を行うとともに，新たに制定されたEU規則の評価を行っている。第4章から第8章までにおいては，社会保障制度の調整に関する各論的なテーマを取り上げ，他の加盟国での医療サービスの利用，複数の加盟国から支給される現金給付の調整，他の加盟国での求職活動に対応した失業給付のあり方，社会給付の受給を目的とする移動（ソーシャルツーリズム）への対応および賃金・社会ダンピング対策について検討している。第9章においては，以上の各章における検討のまとめとして，EUにおける調整の意義と課題について考察している。

第Ⅱ部（第10章および第11章）においては，まず，社会保障協定にもとづく調整の例として，ドイツが他国との間で締結している協定につ

いて検討を行っている。その結果と第Ⅰ部における検討結果をもとに，日本におけるこれまでの取組みについて検討し評価を行うとともに，問題解決策を提示している。

　なお，既発表の論文をベースにする章についても，全体的な見直しを行い，本書の目的や構成に応じた内容の追加・修正を行った。

　本書の研究は，EUにおける社会保障制度の調整に関する文献研究ならびに現地でのヒアリング調査および意見交換を通じて行った。これらの調査研究の実施に当たっては，大学および専門研究機関の研究者，調整にかかわる関係省庁および関係団体の専門家から多大のご協力をいただいた。なかでも，マックス・プランク社会法・社会政策研究所所長のベッカー教授には，同研究所での研究の機会をいただくとともに，EU社会法の研究者が参加する研究会にお招きいただくなど，本書の研究に関して様々なご配慮，ご協力を賜った。また，国内では，九州大学で開催される「社会法研究会」において本書の研究を深めることにつながる大変貴重なご意見をいただいた。この場を借りて，改めて皆様方にお礼を申し上げたい。

　ドイツの社会法および社会政策に主たる関心を寄せてきた著者が本書の対象とする問題に目を向けることになったのは，マックス・プランク社会法・社会政策研究所のメンバーとしてEU社会法の研究に情熱的に取り組んでこられたシュルテ博士との長年の交流によるところが大である。シュルテ博士からは，関連する様々な文献等を提供いただくとともに，意見交換のための数多くの機会を頂戴した。2015年1月に急逝されたため，誠に残念ながら本書の上梓を報告することはできなくなってしまったが，ここに改めて心からの感謝の気持ちを表したい。

　本書は，科学研究費の助成を受けて実施した「国境を越える人の移動に対応した社会保障の在り方に関する研究」（JSPS科研費24530693，研究代表者：松本勝明），ならびに科学研究費の助成を受けて実施している「医療保険制度における選択と競争に関する研究」（JSPS科研費

JP16K04171，研究代表者：松本勝明）および「持続可能な社会保障制度構築のための病院等施設サービス機能に関する総体的比較研究」（JSPS科研費JP15H01920，研究代表者：加藤智章）などの成果にもとづいている。

　また，本書の出版に当たって熊本学園大学付属社会福祉研究所（所長：守弘仁志教授）からの出版助成を受けたことに，感謝の意を表したい。

　最後に，本書の出版を快くお引き受けいただいた旬報社の木内洋育社長に重ねてお礼申し上げたい。

2018年2月

　　　　　　　　　　　　　　　　　　　　　　　　松本　勝明

労働者の国際移動と社会保障　目次

はしがき　3

第Ⅰ部　EUにおける社会保障制度の調整

第1章　EUにおける人の自由移動　15
1. 基本的自由としての人の自由移動　15
    (1) 労働者の自由移動　16
    (2) 開業の自由　17
    (3) サービスの自由移動　18
    (4) EU新規加盟国に係る経過措置　19
2. EU市民の自由移動　20
3. 自由移動の条件　21
    (1) 3ヵ月以内の滞在　22
    (2) 3ヵ月を超える滞在　23
    (3) 継続して滞在する権利　24
4. まとめ　24

◆コラム：「ドイツのローマ」ミュンヘン　26

第2章　EU規則にもとづく社会保障制度の調整　27
1. 歴史的発展　27
    (1) 二国間協定　27
    (2) 多国間での調整　29
2. 労働者の自由移動と社会保障　32
3. 法的根拠　35
4. 適用範囲　38
    (1) 適用対象者の範囲　38
    (2) 適用対象給付の範囲　39
5. 基本原則　40
    (1) 平等取扱い　40
    (2) 事実状況の同等取扱い　42

(3)　期間通算　43
　　(4)　給付の輸出　44
　　(5)　良好な事務協力　47
　6.　適用法の決定　48
　　(1)　就労地法原則　48
　　(2)　一時的な派遣　51
　　(3)　複数の加盟国での就労　51
　7.　おもな給付分野での調整の概要　52
　　(1)　疾病給付　52
　　(2)　介護給付　53
　　(3)　老齢給付　55
　　(4)　失業給付　57
　　(5)　家族給付　58
　　(6)　労働災害・職業病給付　60
　8.　まとめ　60
　　(1)　調整の必要性および目的　60
　　(2)　調整の実効性　61
　　(3)　調整の対象　61
　　(4)　基本原則および適用法の決定　62
　　(5)　調整の方法　63
　◆コラム：3つのRäte　64

第3章　新たなEU規則　65

　1.　新規則の制定経緯　65
　2.　主要な改正点　66
　　(1)　適用範囲　67
　　(2)　基本原則　72
　　(3)　適用法の決定　75
　　(4)　給付分野ごとの調整　77
　3.　評価　80
　　(1)　適用対象給付　81
　　(2)　適用法の決定　82

（3）　個別給付分野での調整　82
◆コラム：「Bosmann」と「Bosman」　84

第4章　国境を越える医療　85
1. 人の自由移動と疾病給付　85
   （1）　他の加盟国で居住している場合　86
   （2）　他の加盟国に一時的に滞在する場合　87
   （3）　治療を目的として他の加盟国に行く場合　88
2. サービスの自由移動と医療　89
   （1）　司法裁判所の判決　89
   （2）　国境を越える保健医療サービスにおける患者の権利の行使に関する指令（指令2011/24）　94
3. 調整規則883/2004と患者権利指令2011/24との関係　97
4. 事前承認の条件　99
   （1）　Petru事件の判決　99
   （2）　法務官意見　101
5. 考察　102
6. 補論：国境を越える医療従事者の移動　105
   （1）　職業資格の承認に関するEU指令　105
   （2）　承認の実態　108
   （3）　まとめ　111

第5章　現金給付に関する調整——Petroni原則　113
1. 重複給付の調整　113
   （1）　複数の加盟国からの老齢年金　113
   （2）　Petroni事件　115
   （3）　Petroni判決への反応　117
   （4）　Petroni原則　118
2. 「適用法の決定」に対するPetroni原則の適用　119
   （1）　Ten Holder事件　120
   （2）　Bosmann事件　121
   （3）　HudzinskiおよびWawrzyniak事件　125

3. 考察　129
  ◆コラム：「原則」となったPetroni氏　130

第6章　ヨーロッパ労働市場に対応した失業給付の調整　131
  1. 失業給付に関する調整の概要　131
    (1) 適用対象給付　133
    (2) 期間通算　134
    (3) 給付の輸出　135
    (4) 情報交換　136
  2. 他の加盟国での求職活動　137
    (1) 失業給付をめぐる問題　137
    (2) 司法裁判所の判決における変化　138
    (3) 「社会保障制度の調整に関する規則」の見直し　140
  3. アクティベーション政策の推進　141
    (1) アクティベーション政策　141
    (2) 「社会保障制度の調整に関する規則」とアクティベーション　142
    (3) 欧州連合運営条約とアクティベーション　144
  4. 考察　148

第7章　社会給付の受給を目的とする移動——ソーシャルツーリズム　151
  1. 調整規則883/2004と社会給付の受給　151
    (1) 他の加盟国国民の平等取扱い　151
    (2) 社会扶助　152
    (3) 保険料によらない特別の現金給付　154
  2. 自由移動指令2004/38と社会給付の受給　155
  3. 社会扶助の受給をめぐる司法裁判所の判決　156
    (1) Brey事件　156
    (2) Dano事件　158
    (3) Alimanovic事件　160
  4. 移動等の実態　162
  5. 考察　163

第8章　賃金・社会ダンピングの防止　167
1. EU加盟国の拡大と自由移動に関する経過措置　167
2. 経過措置の終了　170
   (1) 労働者の自由移動　170
   (2) サービスの自由移動　170
3. 賃金・社会ダンピング対策法　172
   (1) 背景　172
   (2) 目的　175
   (3) 内容　176
4. 考察　179

◆コラム：Brexitと社会保障　182

第9章　調整の意義と課題　183
1. 調整の意義　183
   (1) 調整と加盟国の権限　183
   (2) 調整の効果　186
2. 調整の課題　188
   (1) 加盟国社会保障制度の多様性の拡大　188
   (2) 加盟国間での格差の拡大　189
   (3) 加盟国社会保障制度の変化　191
   (4) EU法上の規定の重複　192
   (5) 決定プロセス　193

◆コラム：児童手当と所得格差　194

第Ⅱ部　社会保障協定にもとづく調整と日本の課題

第10章　社会保障協定にもとづく調整　197
1. 締約相手国と目的　197
   (1) スイスとの協定　198
   (2) 外国人労働者送出国との協定　198
   (3) 移住先国との協定　199
   (4) 日本との協定　199

2. 適用対象者　200
3. 適用対象給付　201
4. 適用法の決定　201
5. 調整の基本的考え方と内容　203
   (1) 同等取扱い　203
   (2) 給付受給権の確保　204
   (3) 給付受給権の維持　205
6. 協定の実施　206
7. 考察　207

第11章　日本における取組みと課題　211
1. 日本におけるこれまでの取組み　211
   (1) 外国人への適用拡大　212
   (2) 外国での治療に対する医療保険の適用　214
   (3) 年金脱退一時金の導入　215
   (4) 社会保障協定の締結　216
2. 目的　218
3. 解決策の検討　219
   (1) 手段　219
   (2) 対象国　220
   (3) 対象者　220
   (4) 対象給付　220
   (5) 適用法の決定　221
   (6) 調整の基本的考え方と内容　222
   (7) 円滑な実施の確保　224
   (8) 制度の適正な適用　225
   4. 評価と課題　225

引用文献　228
初出一覧　234
事項索引　235
判例索引　238

第Ⅰ部

EUにおける社会保障制度の調整

第1章　EUにおける人の自由移動

　EUは，物，人，サービスおよび資本が自由に移動する内部に国境のない「域内市場」の実現を目指している。この章では，このうちEUにおける「人の自由移動」がどのように確保されているのかについて検討し，その目的，構造および特徴を明らかにする。

1.　基本的自由としての人の自由移動

　欧州連合（Europäische Union[1]：EU）の前身である欧州経済共同体（Europäische Wirtschaftsgemeinschaft）およびその後の欧州共同体（Europäische Gemeinschaft）は加盟国の経済的な統合を目指してきた。それを引き継いだEUにおいても，物，人，サービスおよび資本が自由に移動する内部に国境のない「域内市場（Binnenmarkt）」を実現し，「完全雇用と社会的な進歩を目的とする高い競争力のある社会的市場経済を確立する」ことが優先的な目的の一つとされている（欧州連合条約（Vertrag über die Europäische Union[2]）第3条第3項）。

　個別の分野におけるEUの活動やEUの組織の具体的な機能などを定める欧州連合運営条約（Vertrag über die Arbeitsweise der Europäischen Union）[3]は，このような物，人，サービスおよび資本の自由移

---

[1]　EUにおいては2017年現在で24ヵ国語が公用語となっており，これらの言語の間での優先関係は存在しない。本書では，EUの前身である欧州経済共同体において社会保障制度の調整が開始された時点からの加盟国の一つであり，EU加盟国の中で最大の人口を有するドイツの公用語であるドイツ語でEU関係の用語を表記する。

図表1-1 人の自由移動（基本的自由）に関する規定

対象者の立場	種類	欧州連合運営条約の適用条項
労働者	労働者の自由移動	第45条
自営業者	開業の自由	第49条
一時的なサービス提供を行う者	サービスの自由移動	第56条

出典：著者作成。

動という4つの基本的自由（Grundfreiheit）の確保について規定している。このうち，人の自由移動に関しては，以下に述べるように対象者の立場に応じて異なる規定が適用される（図表1-1）。すなわち，労働者に対しては「労働者の自由移動（Arbeitnehmerfreizügigkeit）」に関する規定が，自営業者に対しては「開業の自由（Niederlassungsfreiheit）」に関する規定が，他の加盟国で一時的なサービス提供を行う者に対しては「サービスの自由移動（Dienstleistungsfreiheit）」に関する規定が適用される。まず，それぞれの内容を確認しておく。

(1) 労働者の自由移動

欧州連合運営条約第45条は，EU域内における「労働者の自由移動」を保障している。これにより，生産要素としての労働力の移動性が確保されるとともに，各労働者が自分にとって最も有利な条件と思われる場所で生存基盤を確保することが保障される。「労働者の自由移動」は，労働者が他の加盟国に受け入れられ，従属的な労働を行う権利ならびに

---

2) EUは法にもとづき設立された組織であり，また，法はEUによる政策実施の重要な手段である。EUの法（以下「EU法」という。）としては，まず，加盟国により締結された条約である欧州連合条約，欧州連合運営条約などがあげられる。このうち，欧州連合条約はEUの目的，基本原理，組織の骨格などを定めている。両条約は法的に同等であり，共にEUの基礎を構築している。両条約は欧州連合基本権憲章（Charta der Grundrechte）などとならんで「第一次法（Primärrecht）」と呼ばれる。
3) この条約の名称は「欧州連合（EU）機能条約」と訳される場合もある。

そのために他の加盟国に入国する権利を保障する[4]。

「労働者の自由移動」には，就労，賃金支払その他の労働条件に関して労働者の国籍による異なる取扱いをすべて廃止することが含まれる（同条第2項）。したがって，他の加盟国の国民である労働者が就労する場合に自国民の場合には求めない労働許可などを条件とすることは認められない。

さらに，「労働者の自由移動」には，実際の求人に応募し，そのために他の加盟国に自由に移動することや，就労が終了したあとも欧州委員会が定める条件の下で当該就労国にとどまる権利が含まれている（同条第3項）。

自由移動の対象となる「労働者」には，賃金の多寡や労働時間の長短にかかわらず従属的な活動に従事して賃金を受けるすべての者が該当する。したがって，活動の対価として得られる賃金が最低生活水準に見合ったものであるか，パートタイム就労にのみ従事しているかは問題とならない[5]。

「労働者の自由移動」が適用されるのは，基本的に加盟国国民である労働者であり，第3国の労働者は含まれない[6]。加盟国国民である労働者は必ずしもEU域内に居住している必要はない。たとえば，ドイツ人の労働者で加盟国ではないスイスに居住し，加盟国であるフランスに通勤する者にも「労働者の自由移動」が適用される。

(2) 開業の自由

欧州連合運営条約第49条は「開業の自由」について規定している。「開業の自由」は，他の加盟国において，自営業を開始・遂行すること

---

[4] この場合に，住所を就労国に移すか，母国から他の加盟国の就労場所に通うかは労働者の自由である。
[5] Europäischer Gerichtshof (EuGH), Rechtssache (Rs.) 139/85 (Kempf), Sammlung (Slg.) 1986, 1741, Randnummer (Rn.) 14.
[6] EuGH, Rs. 118/75 (Watson und Belmann), Slg. 1976, 1185, Rn. 11/12.

ならびに会社および支店を設立・運営することを保障する（同条第2項）。「開業の自由」には，そのために他の加盟国に入国し，滞在する権利が含まれている。「開業の自由」は，自営業の開始・遂行などが当該他の加盟国の国民に適用される法令に従って行われることを保障している。

「開業の自由」の対象は，加盟国国民（自然人）および本部または本店をEU域内に有する法人である（第54条第1項）。「開業」は，他の加盟国で期間の定めなく固定的な拠点を用いて経済活動を実際に行うことをいう[7]。その活動は経済的なものであり収益を目的とするものでなければならない（第54条第2項）[8]。ただし，実際に利益が得られているかどうかは問題とならない。「開業の自由」は稼得活動の非従属性において「労働者の自由移動」と区分される。非従属的な活動（自営業）であると推測される根拠は，利益および損失に関与すること，労働時間を決定すること，指示を受けないことおよび従業員を選ぶことにある[9]。

(3) サービスの自由移動

欧州連合運営条約第56条は，他の加盟国の居住者にサービスを提供する者に対するサービスの自由移動の制限を禁止している。「サービスの自由移動」には，サービス提供者の国境を越えた活動に関する能動的な自由移動だけでなく，サービス利用者による国境を越えた利用に関する受動的な自由移動が含まれる（Herdegen, 2013 : 320）[10]。「サービスの自由移動」の対象となるのは，対価を得て行われる経済的な活動であ

---

[7] EuGH, Rs. C-221/89（Factortame), Slg. 1991, I-3905, Rn. 20.
[8] したがって，収益を目的としない純粋な慈善団体は「開業の自由」の対象とならない。
[9] EuGH, Rs. 3/87（The Queen/Ministry of Agriculture), Slg. 1989, 4459, Rn. 35 ff.
[10] このほかにも，サービスの自由移動の適用対象としては放送サービスのようにサービスだけが国境を越える場合もある。

るが，営利目的の存在は前提としない。また，その対価が誰によって負担されるのか，サービス利用者本人か，社会給付の給付主体や国などの第三者なのかは問題とならない。したがって，たとえば医療保険の現物給付として行われる医療サービスの費用の支払いが，当該サービスを受ける被保険者により直接行われるのではなく，保険者により行われるとしても，当該サービスは「サービスの自由移動」の対象となる[11]。

前述のとおり「開業」が他の加盟国において期限の定めなく固定的な拠点を用いて経済活動を行うことを意味するのに対して，サービスの自由移動の対象となるのは，サービス提供者がその開業先でない加盟国，すなわち固定的な活動拠点を持たない加盟国で注文された活動を一時的に行う場合である。このような場合には，そのサービス提供者が雇用した労働者を他の加盟国に派遣してサービス提供を行うケースと，自営業者であるサービス提供者が他の加盟国で自らサービス提供を行うケースがあると考えられる。

(4) EU新規加盟国に係る経過措置

2004年5月には旧東欧諸国を含む10ヵ国がEUに新規加盟した。このEU加盟国の拡大に際しては，既加盟15ヵ国と新規加盟国とのあいだで，「労働者の自由移動」および「サービスの自由移動」に関して経過措置を設けることが合意された。この結果，既加盟国は，外国人労働者の国内労働市場への参入および国境を越えるサービス提供を規制する国内法の規定を最長7年間の経過措置期間内においては新規加盟国国民に対して引き続き適用することが可能とされた[12]。この経過措置の終了後[13]は，新規加盟国国民に対しても既加盟国国民と同じく「労働者の自由移動」および「サービスの自由移動」が完全に適用されている。

---

11) EuGH, Rs. C-157/99 (Smits und Peerbooms), Slg. 2001, I-5473, Rn. 53 ff.
12) この経過措置の具体的な内容等については，第8章を参照されたい。
13) 2004年5月に新規加盟した加盟国に関する経過措置の適用は2011年4月に終了した。

2. EU 市民の自由移動

　労働者の加盟国間での自由移動を促進することは，EU の前身である欧州経済共同体が 1957 年に発足した当初から現在の EU にいたるまで，その重要な政策の柱となっている。その理由は，加盟国は域内での労働者の自由移動を通じて労働力の最適配分が実現されることにより経済的な利益を受けることができると考えられるからである。

　1992 年には，マーストリヒト条約[14]が締結され，欧州共同体設立条約[15]に新たに EU 市民権に関する規定が導入された。これにより，EU 加盟国の国民は EU 市民とされ，すべての EU 市民に居住加盟国における地方自治体選挙の選挙権および被選挙権，国籍を有する加盟国が代表を置いていない第三国において他の加盟国の外交上および領事上の保護を受ける権利などのほかに，EU 加盟国の域内を自由に移動し滞在する包括的な権利が認められた。

　前述の「労働者の自由移動」，「開業の自由」および「サービスの自由移動」に関する規定は稼得活動に従事する者にのみ適用される。これに対して，EU 市民権に関する欧州共同体設立条約の規定を引き継いだ欧州連合運営条約の第 21 条は，稼得活動を必ずしも前提としない EU 市民の一般的な自由移動の権利について定めている。稼得活動に従事する EU 市民（労働者および自営業者）とは異なり，稼得活動に従事しない EU 市民は「労働者の自由移動」，「開業の自由」および「サービスの自由移動」の適用を受けない。このため，もし「EU 市民の自由移動」を定めた欧州連合運営条約第 21 条の規定がなければ，稼得活動に従事しない EU 市民は他の加盟国に自由に移動し滞在することはできない。したがって，「EU 市民の自由移動」は稼得活動に従事しない者にとって

---

[14]　Vertrag von Maastricht über die Europäische Union.
[15]　Vertrag zur Gründung der Europäischen Gemeinschaft.

特に意味があるといえる。

　このように，今日においては，稼得活動に従事する者に限らず，たとえば，年金生活者，学生，心身の状況により稼得活動ができない者なども欧州連合運営条約が保障する自由移動の対象とされている。その理由は，稼得活動に従事しない者であっても，自由移動の権利が認められることにより，たとえば学生であれば他の加盟国で教育を受けることが可能となり，年金生活者であれば南欧の温暖な気候の加盟国で老後生活を送ることができるなどの利益を享受することができるからである。

　他の加盟国に制限なく移動し，滞在し，稼得活動を行うことを認める「労働者の自由移動」，「開業の自由」および「サービスの自由移動」の場合とは異なり，欧州連合運営条約第21条は，すべてのEU市民は，欧州連合運営条約および同条約の実施規定などに定められた制限や条件の留保の下で，他の加盟国に移動し，滞在する権利を有すると規定している。その意味において，欧州連合運営条約第21条は，基本的自由としての人の自由移動の権利を補完するものにとどまっている（Haratsch et al, 2016 : 352）。

3.　自由移動の条件

　EU市民のEU域内での自由移動の具体的条件などは，EUの「EU市民とその家族の加盟国の領域内で自由に移動および滞在する権利に関する指令[16]（指令2004/38）」（以下「自由移動指令2004/38」という）[17]により，対象者の立場（労働者，自営業者，稼得活動に従事しない者など）および滞在期間に応じて，つぎのように定められている（図表1-2）。

16）　Richtlinie über das Recht der Unionsbürger und ihrer Familienangehörigen, sich im Hoheitsgebiet der Mitgliedstaaten frei zu bewegen und aufzuhalten, RL 2004/38/EG vom 29. April 2004.
17）　EUの指令については，第2章注23）を参照されたい。

図表 1-2　自由移動の条件

	3ヵ月以内の滞在	3ヵ月を超える滞在	継続的な滞在
労働者・自営業者	特段の条件なし	(引き続き滞在可能)	5年間適法に滞在すること
求職者	同　上	見込みのある求職活動	同　上
稼得活動に従事しない者	同　上	i) 十分な資力 ii) 包括的な医療保険	同　上

出典：著者作成。

(1) 3ヵ月以内の滞在

　同指令によれば，すべてのEU市民は，3ヵ月以内であれば，有効なパスポートまたは身分証明書を所持しさえすれば，他の何らの条件を満たし，手続きを済ますことなしに他の加盟国に滞在する権利が認められる（第6条第1項）。この権利は滞在の目的にかかわりなく認められている。EU市民が同伴するまたは呼び寄せる家族[18]であって，EU加盟国以外の国の国籍を有する者に対してもこれと同様のことが適用される（同条第2項）。

　ただし，EU市民が他の加盟国に滞在する権利は，受入加盟国の社会扶助の給付が不適切に受給されない限りにおいて存在する（第14条第1項）。とはいえ，社会扶助の給付を受給することが自動的に国外退去につながるわけではない。受入加盟国は，社会扶助の給付が不適切に受給されたかどうかを判断するため，当該ケースが一時的な困難に関するものであるのかどうかを審査するとともに，滞在期間，その個人の状況および給付される社会扶助給付の金額を考慮しなければならない。その上で，不適切な受給に該当するケースとされた場合には，国外退去が命じられる[19]。

---

18) この場合の家族には，配偶者，パートナー，21歳未満の子などが含まれる。
19) 自由移動指令2004/38の制定理由（Erwägungsgrund）の（16）による。

(2) 3ヵ月を超える滞在

EU 市民が他の加盟国に3ヵ月を超えて滞在するためには，受入加盟国での立場に応じてつぎのような条件を満たさなければならない（第7条および第8条第3項）。

① 労働者・自営業者

EU 市民が受入加盟国で労働者または自営業者として稼得活動に従事する場合には，その者およびその者が同伴するまたは呼び寄せる家族には3ヵ月を超えて滞在する権利が認められる。受入加盟国は，当該 EU 市民に対して，使用者による雇用証明書，就労証明書または自営業に関する証明書の提示を求めることができる。

この労働者または自営業者として滞在する権利は，一定の場合には労働者または自営業者として活動できなくなった者にも引き続き認められる（第7条第3項）。これに該当するのは，a) 病気または事故により一時的に労働不能である場合，b) 1年以上就労した後に非自発的失業となり，管轄の職業安定所に登録した場合，c) 最初の12ヵ月以内に非自発的失業となり，職業安定所に登録した場合，d) かつての職業と関連する職業訓練を開始したまたは非自発的失業の後に職業訓練を開始した場合である。ただし，c) の場合に滞在する権利が引き続き認められる期間は「少なくとも6ヵ月」とされている。

② 求職者

EU 市民が求職のために受入加盟国に入国した場合には，その者が，引き続き求職活動を行い，雇用されることに根拠のある見通しがあることを証明できる限りにおいて，その者およびその者が同伴するまたは呼び寄せる家族には受入加盟国に3ヵ月を超えて滞在することが認められる。

③ 稼得活動に従事しない者

学生や年金受給者のように稼得活動に従事しないEU市民およびその家族が他の加盟国に3ヵ月を超えて滞在するためには、自分および家族のために十分な資力を有しており、滞在中に受入加盟国の社会扶助給付を受けなくて済むこと、かつ、自分および家族が包括的な医療保険の対象となっていることが条件となる（第7条第1項）。受入加盟国は、当該EU市民に対して、この条件を満たすことの証明書の提示を求めることができる。このような条件が設けられている理由は、受入加盟国の社会扶助の給付が不適切に受給されることを防止するためであるとされている[20]。よって、稼得活動に従事しないEU市民が他の加盟国に3ヵ月を超えて滞在する権利は、この条件を満たしている限りにおいて存在する。

(3) 継続して滞在する権利

EU市民は5年間継続して受入加盟国に適法に滞在することにより、「継続して滞在する権利」を獲得することができる。「継続して滞在する権利」には、稼得活動に従事しない者であっても前述のような条件は付されない。

4. まとめ

EUは、加盟国の経済的な統合を図るため、内部に国境のない「域内市場」の実現を目指している。人の自由移動は、物、サービスおよび資本の自由移動と並んで、この域内市場の実現に欠かせない重要な柱の一つとなっている。

労働者および自営業者のように稼得活動に従事する者は、従来から自

---

[20] 自由移動指令2004/38の制定理由の（10）による。

由移動が保障されてきた。この場合の自由移動には，他の加盟国に入国し，滞在し，かつ，当該加盟国の国民と同様に従属的な労働あるいは自営業に従事することが含まれている。しかし，マーストリヒト条約によりEU市民権が導入されたことに伴い，稼得活動に従事しない者も含めすべてのEU市民に他の加盟国に自由に移動し，滞在する権利が認められることになった。この結果，現在では，すべてのEU市民にEU域内での自由移動の権利が認められている。

しかしながら，自由移動の具体的な内容については依然として稼得活動に従事する者と従事しない者との間に明確な違いがあることに留意する必要がある。つまり，稼得活動に従事する者には，他の加盟国に移動し，滞在し，稼得活動を行う権利が制限なしに認められているのに対して，稼得活動に従事しない者が他の加盟国に移動し，滞在する権利には一定の制限や条件の留保を付与することが認められている。

後者に関しては，EU市民が他の加盟国に自由に移動し，滞在する権利について定めた自由移動指令2004/38において，稼得活動に従事しない者を対象とした制限および条件が設けられている。それらは，稼得活動に従事しない者が受入加盟国で社会扶助を受給することを避けるため，十分な資力を有し，かつ，包括的な医療保険の対象になっていることを求めるものである。それが企図することは，稼得活動に従事しない者についても原則として自由移動を認めるとしても，それらの者が社会扶助給付を受けることを目的として他の加盟国に移動し，滞在することは認めないということである。つまり，生活困窮者に対する社会扶助はあくまでもその者が生活困窮に陥った当該加盟国が自らの責任と財政負担により実施すべきであり，その責任や負担を他の加盟国が負うことがないようにする必要があるとの考え方が存在する。

その背景には，受入加盟国において稼得活動に従事することにより，税や社会保険料を負担し，その国の社会との関係を築いている者の場合とは異なり，社会扶助受給を目的に移動してくる者に対する給付のため

の費用を負担することについては，受入加盟国国民の理解を得がたいこ
とがあると考えられる。

◆コラム：「ドイツのローマ」ミュンヘン
　あまり知られていないことかもしれないが，ドイツに居住するドイツ
以外のEU加盟国国民のなかでポーランド人について2番目に多くを占
めているのはイタリア人である。
　20世紀においては，イタリアからドイツに移動する労働者の3つの
大きな波が見られた。第一の波は両国で年金保険に関する協定が締結さ
れた直後の1914年以降であり，第二の波は1937年から1943年ま
で，そして第三の波が第二次世界大戦後の1956年以降に押し寄せた。
　ドイツのなかでもイタリアからの国際列車が到着するミュンヘンは，
イタリア人出稼ぎ労働者にとって新たな世界への「入口」となった。ミ
ュンヘンにはフランクフルトなどとならんで多くのイタリア人が居住
し，当時のミュンヘンは「ドイツのローマ」，「イタリアの最北の都市」
などと呼ばれることがあった (Schulte, 2007b: 42)。これによって，
ミュンヘンではファッション，飲食店などにもイタリアの影響が広がっ
ていく「イタリア化」がおこったとのことである。
　ミュンヘンでの料理というと，すぐにビールとソーセージを思い浮か
べるが，ミュンヘン大学の近くにあるマックス・プランク社会法・社会
政策研究所の周辺をみても，伝統的なバイエルン料理の店よりもイタリ
ア料理店の数のほうがはるかに優勢である。「労働者の自由移動」や
「社会保障制度の調整」の効果はこのようなかたちでも現れている。

第2章　EU 規則にもとづく社会保障制度の調整

　EU においては，加盟国間を移動する労働者等を対象に，EU 規則にもとづく社会保障制度の調整が行われている。この調整は，加盟国間での労働者の自由移動を促進することを目的として，EU の前身である欧州経済共同体の発足後間もなく開始されたものであり，60 年近い歴史を有している。EU における社会保障制度の調整に関しては，この間においても様々な改正が行われ，現在の制度へと発展を遂げてきた。

　この章では，ヨーロッパにおける社会保障制度の調整に関する歴史的発展や，労働者の自由移動と社会保障との関係を踏まえたうえで，EU 規則にもとづく社会保障制度の調整の基本原則および主要な内容について検討する。

1.　歴史的発展

(1)　二国間協定

　ヨーロッパの国々は，19 世紀の終わりごろに社会保険が成立した直後の時期においてすでに，外国人への社会保険の適用，一時的に外国で就労する国民の保護，外国にいる受給権者に対する給付などの問題に直面した（Eichenhofer, 2015: 28）。こうした問題については，まず，国家間での協定を締結することにより解決が図られた。最初は 1904 年にフランスとイタリアの間で労災保険に関する協定が締結された。これについで 1912 年にドイツとイタリアの間で年金保険に関する協定が締結さ

れた。

　第1次世界大戦後，連合国とドイツとの間で締結されたヴェルサイユ条約により国際連盟とともに設立されたILO（国際労働機関）も，二国間協定の締結に際して加盟国が留意すべき統一的な基本原則を発展させることなどにより，社会保障に関する国際的な法の発展に大きく貢献した（BMAS, 2015: 1160）。たとえば，1919年の「外国人労働者の相互的待遇に関する勧告（勧告第2号）」[1]は，ILO加盟国が相互主義にもとづき他国の国民に対して自国民と同様の労働者保護の恩恵を保障することを勧告している。1925年の「労働者災害補償についての内外国人労働者の均等待遇に関する条約（条約第19号）」[2]は，批准国が他国との協定によって外国人労働者に対して自国民と同等の労災保護を与えなければならないとしている。さらに，1935年の「障害，老齢，寡婦および遺児保険に関する権利の保全のための国際制度の確立に関する条約（条約第48号）」[3]は，複数の国の社会保険で得られた期待権を相互に結びつけることにより，権利が失われることを防止しようとするものである。このため，他の締約国での被保険者期間，就労期間または居住期間を自国での期間と同様にみなすこととされた。

　第2次世界大戦後の1948年には，ベルギー，フランス，イギリス，ルクセンブルクおよびオランダの5ヵ国が締結した「西ヨーロッパ連合条約（ブリュッセル条約）」[4]第2条において，締約国ができるかぎり早期に社会保障分野の協定を相互に締結することに努力することが規定さ

---

[1] Recommendation concerning Reciprocity of Treatment of Foreign Workers.
[2] Convention concerning Equality of Treatment for National and Foreign Workers as regards Workmen's Compensation for Accidents.
[3] Convention concerning the Establishment of an International Scheme for the Maintenance of Rights under Invalidity, Old-Age and Widows' and Orphans' Insurance.
[4] この条約は正式名称を「経済的，社会的及び文化的協力並びに集団的自衛のための条約（Treaty of Economic, Social and Cultural Collaboration and Collective Self-Defense)」といい，第二次世界大戦後に東欧諸国へのソ連の影響が強化されていったことに対抗して，この5ヵ国により締結された。

れた。さらに，1953年には欧州評議会（Europarat）加盟国により，「社会保障に関する暫定協定」[5]が締結された。この協定もブリュッセル条約と同様に二国間の協定により社会保障制度の調整を行うことを目的とするものであった。しかし，この協定では，締約国国民の同等取扱い，関係法令の国際的な適用領域に関する統一的な規定，獲得された権利の維持，給付の輸出および被保険者期間の通算といった，EUやその前身である欧州経済共同体および欧州共同体における調整の基礎となるような包括的なルールが定められたことに重要な意味がある。

(2) 多国間での調整

現在のEUによる社会保障制度の調整に直接的につながる動きは，1951年に締結された欧州石炭・鉄鋼共同体設立条約[6]の第69条にもとづき，同共同体加盟国であったベルギー，ドイツ，フランス，イタリア，ルクセンブルクおよびオランダの6ヵ国によって1957年に締結された「出稼ぎ労働者の社会保障に関するヨーロッパ協定」[7]により開始された[8]。この協定は，欧州石炭・鉄鋼共同体（Europäische Gemeinschaft für Kohle und Stahl）の加盟国に対して，労働者が社会保障に関する不利益を被ることなく就労国を変更できるようにすることを義務づけるものであった。それまでの二国間での協定とは異なり，この協定は締約国全体に直接適用される多国的な法制度を創設しようとするものであった。この協定は，1957年に欧州経済共同体が設立されたことにより，実際に施行されるにはいたらなかったが，欧州経済共同体における社会保障の調整に関する制度の構築に重要な示唆を与えた。

5） European Interim Agreement on Social Security other than Schemes for Old Age, Invalidity and Survivors.
6） Vertrag über die Gründung der Europäischen Gemeinschaft für Kohle und Stahl.
7） Europäische Abkommen über die soziale Sicherheit der Wanderarbeitnehmer.
8） この協定はILOの協力を得て策定された。

欧州経済共同体設立条約（ローマ条約）9)第48条は，加盟国国民である労働者に対していずれの加盟国にも入国し，就労し，居住し，引退後も居住し続ける権利としての「自由移動（Freizügigkeit）」を保障した。これに関連して，同条約第51条は，欧州経済共同体の理事会が，労働者の自由移動を確立するために社会保障の分野で必要な措置を全会一致で決定するものと規定した。また，この措置は，加盟国間を移動する労働者およびその家族に対して，給付受給権の取得および維持ならびに給付額の算定に関して異なる国内法令にもとづき考慮される期間を通算すること，ならびに他の加盟国の領域に居住する者に対して給付を行うことを保障するものとされた。

　この規定を受けて，理事会は「出稼ぎ労働者の社会保障に関する規則（規則3/58）」10)および「出稼ぎ労働者の社会保障に関する規則の実施および補足に関する規則（規則4/58）」11)を制定した（1959年施行）。前者には社会保障制度の調整に関する実体的な規定が，後者にはその実施に必要な手続的な規定が定められた。両規則が対象とする者は，加盟国の国籍を有する労働者とされた。両規則が対象とする給付は，失業保険を含む社会保険の給付および家族給付であり，戦争犠牲者補償や社会扶助などはその対象から除外された。適用法の決定に関しては，基本的に労働者の就労国の法が適用されることとされた。また，他の加盟国に居住する受給権者にも現金給付が行われ（給付の輸出），被保険者期間の通算が行われることとされた。

　1972年には，これらの規則に代わって，「共同体内で移動する労働者およびその家族への社会保障制度の適用に関する規則（規則1408/71）」12)および「共同体内で移動する労働者およびその家族への社会保障制度の適用に関する規則の実施に関する規則（規則574/72）」13)

9）　Vertrag zur Gründung der Europäischen Wirtschaftsgemeinschaft.
10）　Verordnung Nr. 3 über die Soziale Sicherheit der Wanderarbeitnehmer.
11）　Verordnung Nr. 4 zur Durchführung und Ergänzung der Verordnung Nr. 3 über die Soziale Sicherheit der Wanderarbeitnehmer.

が施行された。これによって，対象者の拡大や調整方法の改正が行われ，社会保障に関する加盟国相互のかかわりが拡大し，深化した。

その後においても規則1408/71は頻繁に改正された。欧州経済共同体への新たな加盟国の受入により，従来からの加盟国にとってはなじみのうすい形態の社会保障制度が調整の対象に含まれることになった。すなわち，イギリス，アイルランドおよびデンマークの加盟（1973年）により，ビスマルク型の労働者保険（Arbeitnehmerversicherung）の伝統に立つ国々はベヴァリッジ型の居住者保険（Einwohnerversicherung）と対峙することになった。これにより，社会保障制度の調整にも対応が求められた。また，司法裁判所[14]の判決に対応して，規則1408/71の個別の規定の改正が繰り返し行われた。

1992年にエジンバラで行われた理事会での決定は，欧州委員会（Europäische Kommission）[15]に対して複雑になった規則を簡素化することを求めた。数年にわたる検討をへて1998年末に欧州委員会から行われた提案にもとづき，2004年には従来の規則1408/71に代わって「社会保障制度の調整に関する規則（規則883/2004）」[16]が制定された。欧

---

12) Verordnung (EWG) Nr. 1408/71 des Rates vom 14. Juni 1971 über die Anwendung der Systeme der sozialen Sicherheit auf Arbeitnehmer und deren Familien, die innerhalb der Gemeinschaft zu- und abwandern.
13) Verordnung (EWG) Nr. 574/72 des Rates vom 21. März 1972 über die Durchführung der Verordnung (EWG) Nr. 1408/71 über die Anwendung der Systeme der sozialen Sicherheit auf Arbeitnehmer und deren Familien, die innerhalb der Gemeinschaft zu- und abwandern.
14) 欧州連合司法裁判所は，欧州連合条約および欧州連合運営条約の解釈および適用に関して法の順守を確保することを使命としている。本書では，現在の欧州連合司法裁判所，その前身である欧州共同体司法裁判所および欧州経済共同体司法裁判所を含めて，「司法裁判所」という。
15) 欧州委員会は，EU全体の利益を促進するいわばEUの行政府であり，政策執行機関である。欧州委員会は委員長，副委員長および委員（三者を合わせて28名）により構成される。欧州委員会を補佐するため，各委員の下に総局およびその他の部局が置かれている。このうち社会保障に関連する部局としては，雇用・社会問題・インクルージョン総局および保健・食品安全総局があげられる。
16) Verordnung (EG) Nr. 883/2004 des Europäischen Parlaments und des Rates vom 29. April 2004 zur Koordinierung der Systeme der sozialen Sicherheit.

州委員会の提案はドラステックな簡素化と根本的な変革を目的としていた（Eichenhofer, 2015: 33）。しかし，制定された規則はこれまでの規定を踏襲するものとなり，欧州委員会の提案を部分的に実現させるものにとどまった。2009年には従来の規則574/72に代わって「社会保障制度の調整に関する規則の実施方法の定めに関する規則（規則987/2009）」[17]が制定された。2010年5月から適用されたこの両規則が，EUにおける社会保障制度の調整に関する現行制度を規定している。

2. 労働者の自由移動と社会保障

　加盟国間での労働者の自由移動を促進することは，欧州経済共同体設立条約にもとづきEUの前身である欧州経済共同体が1957年に創設されてから現在のEUにいたるまで，その政策の重要な柱の一つとなっている。その最大の理由は，労働者の自由移動は，加盟国に労働力の最適配分による恩恵をもたらすことができ，経済発展にとってメリットがあるからである。

　加盟国間での労働者の自由移動を確保するためには，労働者が他の加盟国に移動することにより社会保障に関して不利益を受けないようにすることが必要不可欠である。なぜならば，自国にとどまる場合と比較して将来受給できる年金給付が減少するなどの不利を被るのであれば，労働者は他の加盟国に移動しなくなるためである。

　一方，社会保障制度については，各国が自らの責任をその領土内や国籍を有する者に限定する一般的な現象が見られる。社会保障制度をその国の領土と結びつけることは「属地主義」と呼ばれる[18]。属地主義は

---

[17] Verordnung (EG) Nr. 987/2009 des Europäischen Parlaments und des Rates vom 16. September 2009 zur Festlegung der Modalitäten für die Durchführung der Verordnung (EG) Nr. 883/2004 über die Koordinierung der Systeme der sozialen Sicherheit.

法的な原理ではなく，各国の社会保障制度がその国の国境内で生じた事柄にのみ適用されるという現象を説明したものである（Pennings, 2015a: 4）。その背景には，社会保障が今日にいたるまで国民国家の産物であり，長年，国民国家と密接な関係を有してきたことがある。社会保障は，国民国家における社会的公正を確保し，国民国家を福祉国家とするために欠くことのできないものである。

このため，社会保障の効果がおよぶ範囲は国民国家の領域に限定されており，国境を越えて移動する労働者にとって各国の社会保障制度は必ずしも相互に整合的ではない。その結果，国境を越えて移動する労働者は社会保障に関してつぎのような問題に直面する可能性がある。

第一に，給付の対象リスクが国内で生じたことが給付の受給要件とされている場合がある。対象リスクが発生した際に給付義務のある国の領域外に住んでいる者は，このような給付を受給することができない。これは，特に社会保険の場合には問題となる。なぜならば，社会保険の場合には，給付受給権が事前の保険料支払いによって根拠づけられているからである。

第二に，国内に居住していることが給付の受給要件とされている場合がある。通常の場合，治療，施設への収容，リハビリテーションの提供などの現物給付は給付義務のある国の国内でのみ行われる。年金給付のような現金給付も，受給権者が給付義務のある国にいるときに限り行われることがある。この場合には，たとえば，外国人労働者が長年にわたり就労し年金保険料を支払ってきたとしても，職業生活から引退したあとに母国へ戻った場合には，それまで就労していた国の制度から年金給付を受けられなくなる。

第三に，その国において一定の被保険者期間や居住期間を有すること

---

18) 属地主義による適用法の決定が厳密に貫かれているわけではない（岩村，2001: 189）。その例としては，被保険者が国外滞在中に発生した事故につき，保険給付を行うことなどがあげられる。

が給付受給の要件とされている場合がある。また，給付の額がその国における被保険者期間や居住期間の長さに応じて算定される場合がある。このような場合には，国境を越えて移動する者は，他国での被保険者期間等が考慮されないために，給付を受けられなくなる，あるいは，国内にとどまっている場合に比べて低い水準の給付しか受けられなくなる可能性がある。

　第四に，各国の社会保障制度の適用対象者が独自に定められていることが，相互に矛盾した効果をもたらす場合がある。居住者保険が存在する国で居住し，労働者保険が存在する国で就労する者は，居住国の居住者および就労国の労働者として二重に保障が行われる。これに対して，労働者保険が存在する国で居住し，居住者保険が存在する国で働く者は，いずれの国の保障も受けられなくなる。

　第五に，国籍を有することが給付受給の要件とされている場合がある。この場合には，外国人である労働者はその国の制度から給付を受けることができない。

　第六に，給付水準の調整に関する各国の規定が整合性を欠く場合がある。たとえば，給付受給権者が他の国からも給付を受けられるケースにおいて，一方の国では自国の給付の額から他国の給付の額を差し引くこととされ，もう一方の国でも自国の給付の額から他国の給付の額を差し引くこととされている場合がある。この場合には，それぞれの国で行う給付の額が特定できない。

　上記の問題を解決し，国境を越えて移動する労働者が社会保障に関して不利にならないようにするためには，異なる国の間で社会保障制度に関する調整を行うことが必要となる。このような調整を行うことは，国内法を制定，改正することだけでは不可能である。なぜならば，いずれの国も自国の法律で他国の社会保障制度の適用範囲，給付要件などを定め，あるいは変更することはできないからである。また，その国における被保険者期間等と他国における被保険者期間等を通算するような調整

のための事務を実施するためには，他国の政府・保険者との事務協力体制が不可欠であり，その国が単独で調整を実施できるわけではない。したがって，国境を越えて移動する労働者等に関して各国間で社会保障制度の調整を行うためには，国際的なルールが必要となる。

3. 法的根拠

現在のEUにおける社会保障制度の調整の法的根拠としては，まず，第一次法である欧州連合運営条約の第48条があげられる。同条は，EU域内での労働者の自由移動と社会保障制度の調整とが互いに切り離せない関係にあることを示している。すなわち，第48条によれば，欧州議会（Europäisches Parlament）[19]および理事会（Rat）[20]は社会保障の分野において労働者の自由移動を構築するために必要な措置を定めなければならないとされている[21]。また，この目的を達成するため，欧州議会および理事会は，特に，国境を越えて移動する労働者および自営業

---

[19] 欧州議会は加盟国国民の代表として直接選挙された議員で構成される。欧州議会の総議席数は751（2017年1月20日現在）で，国別の議席配分は各加盟国の人口数を反映したものとなっている。通常立法手続において欧州議会は過半数により決定を行う。

[20] 理事会は政策分野ごとに存在し，各加盟国の当該分野の所管大臣により構成される。社会保障にかかわりが深いのは，「雇用・社会政策・保健・消費者保護理事会」（Rat "Beschäftigung, Sozialpolitik, Gesundheit und Verbraucherschutz"）である。理事会の決定は特定多数決（qualifizierte Mehrheit）が原則であり，例外的に全会一致が認められる。特定多数とは，欧州委員会の提案にもとづく決定の場合には，加盟国の55%以上（つまり16ヵ国以上）で，それらの国の人口が合計でEUの全人口の65%以上の多数をいう。たとえば2014年ではEU加盟国の総人口が約5億600万人であるので，その65%は約3億2900万人となる（Europäische Kommission, 2014: 16）。

理事会は加盟国首脳等により構成される欧州理事会（Europäischer Rat）とは別のものである。欧州理事会は，EUの発展に必要な刺激を与えるとともに，EUの一般的な政策目標の設定と政策的な優先順位を定める。

[21] 欧州連合の最も基本的な立法手続である「通常立法手続」では，規則および指令は欧州委員会の提案にもとづき理事会および欧州議会により審議のうえ採択される。

者ならびにその家族に対して，各国の国内法により給付受給権の取得・維持および給付額の算定のために考慮される期間を通算すること（期間通算）ならびに他の加盟国に居住する場合にも給付を行うこと（給付の輸出）を保障する制度を導入するものとされている。

　この規定を受け，社会保障制度の調整の具体的内容がEU規則[22]である「社会保障制度の調整に関する規則（規則883/2004）」（以下「調整規則883/2004」という）により定められている。また，調整の実施手続きが「社会保障制度の調整に関する規則の実施方法の定めに関する規則（規則987/2009）」（以下「実施規則987/2009」という）により定められている。前者の規定は社会給付の受給権者や保険加入義務のある者に向けられているのに対して，後者の規定は調整のための事務の執行機関に向けられている。なお，加盟国間を移動する労働者が社会保障に関して不利益を被らないようにするという目的は，欧州連合運営条約第48条に明示された「期間通算」と「給付の輸出」を行うことだけで達成可能になるわけではない。このため，調整規則883/2004には社会保障制度の調整に関するそれ以外の規定も盛り込まれている。

　「社会保障制度の調整に関する規則」[23]に関する理事会の決定は，従来，一貫して全会一致が必要とされてきた。その理由は，各加盟国にと

---

22)　EU法には，第一次法（第1章注2参照）のほかにも，欧州連合運営条約第288条にもとづきEU自身が制定する第二次法（Sekundärrecht）がある。第二次法は派生法（abgeleitetes Recht）とも呼ばれる。第二次法には，規則（Verordnung），指令（Richtlinie），決定（Entscheidung），勧告（Empfehlung）および意見（Stellungnahme）が含まれる。
　　このうち「規則」は抽象的・一般的な規定であり，すべての部分が拘束力を持ち，かつ，すべての加盟国に直接適用される。規則は，他の国際的な法とは異なり，国家だけでなく加盟国のすべての国民に対しても拘束力を持つものであり，加盟国の国内法により実施することを要しない。この点においては，規則は実質的な意味で国内法と同等のものである。
　　一方，「指令」は，基本的にそれが達成しようとする目的に関してのみ拘束力を有しており，その目的を達成するために適切かつ必要な手段，すなわち適切な実施措置を講じることは加盟国に委ねられている。指令の名宛人は加盟国であり，加盟国国民ではない。指令の実施に関しては通常一定の期限が付されている。

って自国に負担をもたらす可能性のある社会保障のあり方は最もデリケートな議題の一つであり，各加盟国は理事会の決定に対する拒否権を留保したいと考えていたためである。しかし，2009年12月に発効したリスボン条約により，「社会保障制度の調整に関する規則」に関する理事会の決定は，今後は全会一致ではなく特定多数によることとなった。

調整規則883/2004に定められた規定は加盟国の法に優越し，それに代わって適用される[24]。このため，同規則に定められた適用法の決定や受給権者が外国に居住している場合の給付に関する規定は，各加盟国の法に定められたそれに相当する規定[25]の適用を排除する効果を有する。

欧州連合運営条約第48条ならびに調整規則883/2004および実施規則987/2009だけでなく，欧州連合司法裁判所（Gerichtshof der Europäischen Union）[26]も先決裁定（Vorabentscheidung）手続[27]を通

---

23) 以下においては，社会保障制度の調整に関する現行の規則である調整規則883/2004の他にその前身の規則を含むものとして「社会保障制度の調整に関する規則」という用語を用いることとする。
24) EU法の特別の性質は，その超国家的（supranational）性格とそれに関連する加盟国の国内法に対する優越性にある。この点において，EU法は通常の国際法とは異なっている。この優越性は，EU法が統一的に解釈され，適用されることを保障する。EU法の優越性は適用の優越性であり，EU法に抵触する国内法は適用できない状態に置かれることになる。つまり，そのような国内法は無効になるのではなく，EU法の優越性が及ばない領域，たとえば，EU非加盟国あるいは非加盟国国民との関係において当該国内法の規定はなお適用可能である（Schulte, 2008: 710）。
25) たとえば，ドイツ社会法法典第1編第30条および第4編第3条から第6条までは，社会法典の規定がこの法典の施行区域に居住するすべての人に適用されることや，社会保険の加入義務は社会法典の施行区域で就労する，または自営業を行うすべての人に適用されることなどを定めている。これらの規定は，ドイツ法が他国の法との調整なしに一方的に定めた適用法の決定に関する規定である。また，同法典第5編第16条などは，外国に滞在する被保険者に対する給付に関して定めている。
26) EUにおいて，司法を担当しているのが司法裁判所である。司法裁判所は，欧州連合条約および欧州連合運営条約の解釈および適用において法の遵守を確保する（欧州連合条約第19条第1項）。司法裁判所は，両条約にもとづき，EU法の解釈および派生法の効力に関する決定を行う。

じて社会保障制度の調整に関する制度の発展に重要な役割を果たしている。また、司法裁判所の決定は「社会保障制度の調整に関する規則」の改正にも影響をおよぼしてきた。

4. 適用範囲

調整規則883/2004の対象となる者および給付の範囲は限定されており、同規則はEU域内において居住するまたは就労するすべての者に適用されるわけでも、すべての社会給付に適用されるわけでもない。加えて、この規則が適用されるためには、加盟国をまたがる事態の存在が必要である。

(1) 適用対象者の範囲

1959年に欧州経済共同体で開始された加盟国間での社会保障制度の調整は、もともと「労働者の自由移動」に対する障害を取り除くことを目的としたものであった。このため、「社会保障制度の調整に関する規則」は、当初、労働者ならびにその家族および遺族だけを対象としていた。調整の対象者は、長年、この範囲に限られてきたが、1981年には自営業者、1998年には官吏、1999年には学生へと継続的に拡大されていった。

こうしたなかでEU自体の政策的な枠組みも変更された。社会保障制

---

27) 司法裁判所が取扱う訴訟には、EU機関を相手取る訴訟とEU機関以外を相手取る訴訟がある。前者の訴訟を「直接訴訟」という（中村、2016: 94）。後者の訴訟（たとえば社会保険の保険者などを相手取った給付に関する訴訟）の場合には、各加盟国にある企業や個人は自国の裁判所に訴えを提起することになる。加盟国の裁判所は、自らの決定にいたる際に問題となるEU法の解釈または効力に疑義がある場合には、訴訟手続をいったん停止して、司法裁判所に拘束力のある決定を求めることができる。この場合には、司法裁判所の決定がなされてから、国内裁判所での手続が継続される。この先決裁定手続によって、EUに関する条約およびEU規則等の統一的な適用および効力が確保されている。

度の調整にとって，特に重要な意味を持つ変化は，1992年に締結されたマーストリヒト条約によりEU市民権が導入されたことにある。これを受け，調整規則883/2004においては，適用対象者の範囲がすべてのEU市民ならびにその家族および遺族へと拡大された（第2条）。この結果，経済活動への従事の有無は問題とされなくなった。

さらに，調整規則第883/2004号は加盟国に居所を有する難民[28]および無国籍者[29]ならびにその家族および遺族にも適用される。これにより，EU法は，加盟国に対して，難民および無国籍者をその国に居住する自国民と法的に同等の立場におくという国際法上の義務の履行を促している。

(2) 適用対象給付の範囲

調整規則883/2004は，つぎの「社会保障」の各分野にかかわる法令[30]に対して適用される（第3条第1項）。この分野としては，同項a号からj号までに限定列挙される「疾病給付」，「母性給付および同等の父性給付」，「障害給付」，「老齢給付」，「遺族給付」，「労働災害・職業病給付」，「葬祭料」，「失業給付」，「早期退職給付」および「家族給付」が該当する。つまり，調整規則883/2004の対象となるのは，疾病，障害，老齢などの列挙された社会的リスクに対する保護を行うことを目的とする給付である。したがって，奨学金の給付や住宅手当はこの規則の対象とならない。なお，この場合の給付には，社会保険による給付だけでなく，税を財源とする給付も含まれている。

ある給付が調整規則883/2004第3条第1項の定める適用範囲に含ま

---

[28] 国連が主催した難民および無国籍者の地位に関する国連全権会議が1951年に採択した「難民の地位に関する条約」第1条の意味での難民を指す。
[29] 1954年にニューヨークで採択された「無国籍者の地位に関する条約」第1条の意味での無国籍者を指す。
[30] 「法令（Rechtsvorschrift）」には，各加盟国の議会により制定された法律，政府により定められた命令，保険者により定められた規約および実施規則が含まれる（Eichenhofer, 2010a: 97）。

れるかどうかは，加盟国の法とは別にこの規則の解釈の問題となる。たとえば，ドイツでは疾病のリスクに対する保障は，社会法典第5編に規定される医療保険により行われている。一方，要介護のリスクに対する保障は，疾病のリスクとは別に同法典第11編に規定される介護保険により行われている。それにもかかわらず，司法裁判所は，ドイツ介護保険の給付が調整規則883/2004第3条第1項a号に掲げる疾病給付に該当するとの判断を示した。この詳細については本章7.(2)において後述する。

　一方，社会扶助は社会保障とは別のものとして捉えられており[31]，社会扶助に対しては調整規則883/2004は適用されない（同規則第3条第5項a号）。つまり，社会保障の給付のみがこの規則にもとづく調整の対象とされている。このような区分は，調整規則883/2004が欧州連合運営条約第48条により委ねられた「労働者の自由移動」を促進するという使命に対応したものであるとの理由により行われている（Fuchs, 2013a: 130）。つまり，社会扶助についての調整は，「労働者の自由移動」の促進にかかわる事柄には該当しないということである。このほか，戦争犠牲者および犯罪被害者に対する給付についても調整規則883/2004は適用されない（同規則第3条第5項b号）

5. 基本原則

(1) 平等取扱い

　調整規則883/2004第4条は適用対象者の平等取扱いについて定めており，他の加盟国の国民は当該加盟国の国民と同じ権利および義務を有するものとされている。同条の規定は，欧州連合条約および欧州連合運

---

[31] 本書では，社会保障の給付と社会扶助の給付の両者を包含するものとして「社会給付」という用語を使用する。

営条約が適用されるすべての分野における国籍を理由とした差別を禁じた欧州連合運営条約第18条の規定を社会保障の分野に関して具体化したものである（Eichenhofer, 2015: 87）。これによって，加盟国が他の加盟国の国民を自国民よりも不利に取り扱うような法令を設けることは禁じられる。このため，加盟国は，給付の受給の可否や金額に関して受給者の国籍に応じた差を設けることはできない。また，他の加盟国国民に対して自国民には求めない給付受給要件（例：滞在許可を得ていること）を設けることもできない（Eichenhofer, 2015: 87）。

　この平等取扱いの原則は，司法裁判所の判決により広く解釈されており，国籍にもとづく「直接的な差別」だけでなく，「間接的な差別」も禁じられている。これは，性別にもとづく差別の禁止（欧州連合運営条約第157条）などの場合に適用されている考え方と同じである。「直接的な差別」には，自国民と他の加盟国国民の間で明らかに異なる規定を適用することが該当する。これに対して，「間接的な差別」には，外見上は中立的ではあるが，当該加盟国国民でない者に相当に高い割合で不利をもたらすような規定・基準が該当する。「間接的な差別」の最も明らかな例は，当該加盟国の居住者であることを給付の受給要件とすることである。なぜならば，一般的には，自国民は他の加盟国の国民に比べはるかに容易にこの要件を満たすことが可能であるからである。このような受給要件は，たとえば，居住加盟国とは異なる加盟国で就労する越境通勤者を給付受給から排除する効果を持つ。

　ただし，当該規定・基準が，適切かつ必要であり，また，客観的な要因により正当化される場合には，「間接的な差別」に当たらない（Pennings, 2015a: 130）。しかし，どのような場合に客観的な正当性が認められるかを一般的に述べることは容易ではない。司法裁判所の判決から見出される一般的な判断の尺度は，当該規定・基準が目的達成のために必要であり，適切であり，かつ，適度なものであるかどうかである。

(2) 事実状況の同等取扱い

　社会保障の給付を受けようとする者は，ある給付を受けるためには他の種類の給付，たとえば老齢年金の受給権を有していることが必要であり，他国の老齢年金の受給権を有していることではこの要件を満たすことができにないという問題に直面することがある。

　司法裁判所が取り扱ったCoonan事件の判決（1980年）[32]ではこのような事例が対象となった。この訴訟（先決裁定手続）の原告[33]はアイルランド人の女性である。彼女は1963年から1972年までアイルランドで就労し，アイルランドの社会福祉法にもとづく保険料を支払った。その後，イギリスの年金受給年齢（60歳）を超えた後，アイルランドの年金受給年齢（65歳）に達する前にイギリスに渡った。彼女はイギリスでも就労し，保険料を支払った。1975年に彼女はイギリスの法令にもとづく傷病手当金を申請した。その規定によると，年金受給年齢を超えて引き続き就労する者は，仮に就労をやめたとしたならばイギリスの法令にもとづく一定の種類の老齢年金を受給できる場合にのみ，傷病手当金を受給することができるとされていた。しかし，イギリスにおいて老齢年金を受給するためには，一定の保険料納付期間を有する必要があった。この要件を満たしていなかったため，彼女がイギリスにおいて行った傷病手当金の申請は保険当局により拒否された。

　これに対して司法裁判所はつぎのような判断を示した[34]。

「自国民と他の加盟国国民との差別に当たらないかぎり，ある人が社会保障制度またはその一部の特定の制度に加入する権利または義務につい

---

32) EuGH, Rs. 110/79 (Coonan), Slg. 1980, 1445.
33) 先決裁定のもとになった加盟国の裁判所に提起された訴訟の原告のことをいう。このことは，本書で引用する以下の司法裁判所の判決に関して同様である。
34) つぎの括弧内の記述は司法裁判所の判断の重要箇所を著者がまとめたものである。以下においてもこれと同じである。

て定める法令を制定することは各加盟国の問題である。(社会保障制度の調整に関して当時適用されていた)規則1408/71は，他の加盟国において経過した被保険者期間を国内で経過した被保険者期間と同等に扱うことを加盟国に強いるものでない。」

つまり，司法裁判所はイギリスの保険当局の決定が規則1408/71に反するものではないとした。しかし，現在の調整規則883/2004のもとでは司法裁判所の結論も異なるものとなった可能性が極めて高いと考えられる。その理由は，調整規則883/2004第5条が「事実状況の同等取扱い」について定めていることにある。これにより，他の加盟国の法令の下で得られた社会保障給付または他の加盟国で得られた収入は，管轄加盟国（給付を管轄する給付主体が所在する加盟国）で得られたものと同等に取扱われる。また，他の加盟国で生じた事実および出来事も管轄加盟国で生じたものと同等に取扱われる。この規定に従えば，この訴訟の原告がアイルランドで就労し，保険料を納付した期間はイギリスにおける同等の期間として取り扱われることになる。

(3) 期間通算

給付受給のために管轄加盟国の法令にもとづく一定の被保険者期間，就労期間，自営業の期間または居住期間（以下「被保険者期間等」という）が必要とされる場合には，国境を越えて移動し，生涯において複数の国の異なる社会保障制度の適用を受ける者は，管轄加盟国にとどまる場合に比べて不利な状況に置かれることになる。期間通算の原則はこのような問題の解決に役立つものである。

調整規則883/2004第6条は期間通算の原則について規定している。それによれば，a）給付受給権の取得，維持，継続もしくは回復，b）特定の法令の適用，または，c）強制保険，任意保険もしくは任意継続保険への加入もしくは加入免除が，被保険者期間等に依存している場合

に，他の加盟国での被保険者期間等は管轄加盟国の法令にもとづく期間として取り扱われる。

(4) 給付の輸出

調整規則883/2004第7条が規定する「給付の輸出」は，他の加盟国に居住する者も現金給付を受けることを可能にするものである。それによれば，受給権者またはその家族がその給付の支給義務がある管轄給付主体が所在する加盟国と別の加盟国に居住していた，または居住していることを理由として，支給されるべき現金給付が，減額され，変更され，停止され，取り上げられ，または差し押さえられてはならないとされている。これによって，たとえば，長年の就労の後，母国である加盟国に帰国した労働者も，就労加盟国に居住しているのと同様に老齢年金を受給することができる（図表2-1）。「給付の輸出」は，原則としてすべての現金給付に適用されるが，現物給付には適用されない。

現金給付であっても，失業給付および「保険料によらない特別の現金給付」に関しては，つぎのような例外的取扱いが定められている。

① 失業給付

失業給付は受給者の求職義務と密接な関連を有している。失業給付を受ける者は求職活動を行うことにより失業期間をできるかぎり短くするよう求められる。その実行を担保するうえで，労働行政機関（公共職業安定所）による求職活動の監督が重要な意味を持つ。この監督は，通常，失業給付を行わなければならない加盟国で最も適切に行われると考えられる。このため，失業者が他の加盟国において失業給付を受給することは，他の給付に比べて制限的に認められているにすぎない（Pennings, 2015a: 289)[35]。

---

35) 失業給付に係る「給付の輸出」の取扱いについては，第6章において詳述する。

図表 2-1　給付の輸出

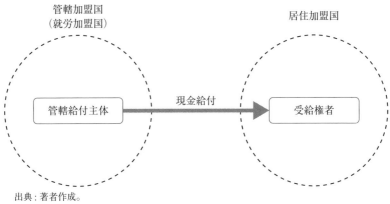

出典：著者作成。

　調整規則883/2004第64条によれば，完全失業者であって管轄加盟国の法令にもとづく受給要件を満たし，かつ，求職のために他の加盟国におもむく者は，一定の条件の下で3ヵ月間に限り失業に関する現金給付を受けることができる。ただし，管轄の労働行政機関または給付主体は必要がある場合にはこの期間を最長6ヵ月にまで延長することができる。

②　**保険料によらない特別の現金給付**

　「保険料によらない特別の現金給付（besondere beitragsunabhängige Geldleistung）」は社会保障と社会扶助の特性をあわせ持つ給付のことをいう。前述のとおり，調整規則883/2004は，社会扶助を社会保障の一部としてではなく，両者を異なるものとして捉える考え方に立っている。しかし，同規則には「社会扶助」を定義する規定は設けられていない。

　もともと，社会保障と社会扶助の違いは簡単に説明しうるものであり，実務上も容易に区分できるものと考えられていた（Pennings, 2003: 64）。すなわち，社会保障の給付は，受給権者の保険料納付に対応するものであり，一定のリスクが生じることにより受給権者には給付に対す

る法的権利が発生する。これに対して，社会扶助の給付は保険料に依存せず，それぞれの法律で個別に定められるニーズに応じて給付が行われる。社会扶助の給付には受給権は発生せず，給付の実施は給付主体の裁量に委ねられる。

　しかしながら，各加盟国の社会保護に関する制度の拡充にともない，保険料の納付を前提としない社会扶助の給付にも受給権が認められ，また，社会保障の給付にも給付主体による裁量が認められるなど，両者の区分は必ずしも明確なものではなくなっていった[36]。

　司法裁判所が取り扱ったFrilli事件（1972年）[37]では，ベルギーにおいて少額の年金の受給者である高齢者（通常の年金受給年齢に達した者）に対して一定の収入を保障するために国の負担により上乗せして支給される給付が，社会扶助の給付に該当するのかどうかが問題となった。これに対して，司法裁判所はつぎのような判断を示した[38]。

「この給付は，社会扶助と社会保障の両方の性格をあわせ持っている。したがって，給付対象者が国籍を有する国（原告の場合はイタリア）との間に相互協定が存在するか否かを給付要件とすることは，社会保障制度の調整に関する（当時の）規則3/58第8条[39]が規定する「平等取扱い」と相容れないものである。」

　この司法裁判所の考え方に立てば，両者の性格をあわせ持ついわば「ハイブリッドな現金給付」には「給付の輸出」の原則も適用するこ

36）　さらに，ファンランゲンドンクによれば，社会保険と社会扶助の区分は将来，維持されえないし，維持されないだろうと思われる（ファンランゲンドンク，2010: 238）。
37）　EuGH, Rs. 1/72 (Frilli), Slg. 1972, 457.
38）　Frilli事件の司法裁判所判決の詳細については第7章1.(2)を参照されたい。
39）　規則3/58第8条は調整規則883/2004第4条と同様に「平等取扱い」の原則について定めていた。ただし，調整規則883/2004の場合と同様に，規則3/58の適用範囲からは社会扶助が除外されていた。

とになる。これに対して，加盟国からは「給付の輸出」の原則を適用しないよう強い要請があった。これを受け，1992年には，「ハイブリッドな現金給付」を「保険料によらない特別の現金給付」として位置づけ，社会保障制度の調整に関する当時の規則であった規則1408/71の「給付の輸出」に関する規定を適用しないこととする改正が行われた[40]。

　もし，「保険料によらない特別の現金給付」に関する規定をFrilli事件のケースに当てはめたとすると，問題となった給付にも「平等取扱い」の原則は適用されるので，イタリアとの間で相互協定がなくても原告はこの給付を受給することができる。ただし，「給付の輸出」の原則は適用されないので，原告がオランダではなく他の加盟国（たとえばイタリア）に居住している場合には，この給付を受けられない可能性がある。

　「保険料によらない特別の現金給付」に「給付の輸出」の原則が適用されない理由は，そうでなければ貧困に陥る者に対して公費をもとに最低限度の所得を保障するという「保険料によらない特別の現金給付」に係る連帯の性格にある（Pennings, 2015b: 336）。したがって，「保険料によらない特別の現金給付」にも「給付の輸出」に関する例外的な取り扱いが適用される点では，失業給付の場合と同様であるが，その理由は両者の間でまったく異なっている。

(5) 良好な事務協力

　加盟国間での良好な事務協力は，上記の基本原則を効果的に適用し，加盟国間での人の移動にともなう社会保障制度の調整を速やかに実施するための基本的な前提条件になると考えられる。このため，調整規則883/2004第76条は事務協力について定めている。

---

[40] 　現在の調整規則883/2004も「保険料によらない特別の現金給付」について同様に規定している（第70条第3項）。

6. 適用法の決定

(1) 就労地法原則

　複数の加盟国で働いている者または働いていた者，あるいは居住している加盟国とは別の加盟国で働いている者に関しては，いずれの国の社会保障制度が適用されるのかを決定するためのルールが必要となる。調整規則883/2004においては，このようなルールとして基本的にその者が就労している加盟国の法を適用するという「就労地法（lex loci laboris）原則」が採用されている（第11条第3項）。「就労地法原則」によって，一人の事業主に雇用される者に対してはその者の国籍の如何にかかわりなく保険料および給付に関する同一の制度が適用されることになる。この結果，事業主は外国人を自国民よりも安く雇用することができなくなることは重要な意味を持っている。仮に労働者の出身国の法が適用されるとしたならば，事業主は外国人のためにより低額の保険料をその母国の機関に支払うことで済むことになるので，低コストの外国人の雇用が拡大していくと考えられる。これに対抗して自国民の雇用を確保するため，その国の社会保障制度に対しても，保険料の引下げ，そのための給付水準の引下げを求める圧力が高まるおそれがある。

　前述のように，「社会保障制度の調整に関する規則」の適用対象者の範囲は労働者や自営業者だけでなく，学生など経済活動を行わない者にも段階的に拡大されてきた。これに対応して，「就労地法原則」の例外として，経済活動を行わない者には「居住地法原則」にもとづく特別のルールが認められている。しかし，「就労地法原則」が適用法決定のための中心的なルールであることに変わりはない。

　適用法を決定するルールは排他的な効果を持っている。すなわち，調整規則883/2004第11条第1項は，この規則の対象者には一つの加盟国

の法令だけが適用されると規定している。したがって，A国に居住する労働者がB国で就労している場合には，たとえA国の法令がすべての居住者に適用されるものであったとしても，当該労働者には就労地であるB国の法令だけが適用される。この規定の目的は，一方では国境を越えて移動する労働者が保険料の二重負担を負うことがないようにすることであり，もう一方ではいずれの加盟国の法令の適用も受けられないことがないようにすることである。また，適用法を決定するルールは強制的な性格を有しており，当該労働者がいずれの加盟国の法令の適用を受けるかを任意に選択できるわけではない。

　司法裁判所が適用法を決定するルールの排他的な効果を取り扱った事例としては，Ten Holder事件の判決（1986年）[41]があげられる[42]。この訴訟の原告はオランダ人の女性でドイツにおいて就労していた。彼女は，病気となった際にドイツの傷病手当金を受給した。オランダに帰国後，ドイツの傷病手当金の支給限度期間（1年6ヵ月）が経過した。このため，彼女はオランダの法令にもとづく障害給付を申請したが，支払いを拒否された。オランダの障害給付は居住者を対象とするものであり，オランダの法令が適用されるのであれば，彼女はこの給付の受給要件を満たしていた。司法裁判所は，この場合には就労国であるドイツの法令が他の加盟国での就労を開始するまでの間は適用されると判断した。この結果，彼女はオランダの障害給付を受けることができなかった。この事例は，適用法を決定するルールの排他的な効果は，必ずしもそれぞれの者にとって有利な結果をもたらすとは限らないことを示している。

　この司法裁判所の考え方はその後の訴訟においても維持された。しかし，司法裁判所がBosmann事件の判決（2008年）[43]を出したことによ

---

41) EuGH, Rs. 302/84 (Ten Holder), Slg. 1986, 1821.
42) Ten Holder事件の司法裁判所判決の詳細については第5章2.(1)を参照されたい。
43) EuGH, Rs. C-352/06 (Bosmann), Slg. 2008, I-3827.

り，適用法決定ルールの排他的な効果が再び議論となった[44]。この訴訟の原告は，18歳以上の学生である2人の子とともにドイツに居住するベルギー人の母親であった。彼女がオランダでの就労を開始した際，彼女の社会保障に関しては就労加盟国であるオランダの法令が適用されるとして，居住加盟国であるドイツの当局は彼女に対する児童手当の支給を打ち切った。ドイツでは学生である子の場合には25歳まで児童手当が支給されるのに対して，オランダでは18歳以上の子には児童手当は支給されない。なぜならば，18歳以上の者が学生であれば奨学金が支給されるからである。しかし，オランダの奨学金はオランダで学ぶ者にしか支給されない

ドイツの裁判所は，就労加盟国ではそのような給付を受給できない場合に，居住加盟国の給付を失わせることが許されるかどうかについて司法裁判所の判断を求めた。これに対して，司法判所はつぎのような判断を示した。

「（社会保障制度の調整に関する当時の規則であった）規則1408/71第13条第2項a号は，ある加盟国で就労する者は，たとえ別の加盟国に居住していても，就労加盟国の法令が適用されるとしている。このため，このケースの場合にはオランダの法令が適用される。したがって，ドイツの当局には原告に対して児童手当を支給する義務はない。だからといって，ドイツに居住していることによりドイツ法にもとづく請求権を有している原告に対して，ドイツの当局が児童手当を支払うことが排除されているわけではない。」

この判断においては，「社会保障制度の調整に関する規則」は，加盟国間での労働者の移動を容易にするため，労働者が自由移動の権利を行

---

[44] Bosmann事件の司法裁判所判決の詳細については第5章2.(2)を参照されたい。

使することによって社会保障の給付に対する権利を失うことや受給することができる給付が減少することがないようにすることを目的としていることが考慮されている。

(2) 一時的な派遣

ある加盟国で就労している者が事業主により他の加盟国に派遣され，その国で当該事業主の責任の下で働く場合には，引き続き前者の加盟国の法令が24ヵ月だけ適用される（調整規則883/2004第12条第1項）。また，自営業を行っている者についても，通常活動を行っている加盟国とは別の加盟国で同様の活動を行う場合に前者の加盟国の法令が24ヵ月だけ適用される（同条第2項）。これらの規定は，他の加盟国に派遣される労働者等の社会保障制度における地位が短期的に変わることにより，権利が重なり合い，また，それによって労働者，企業および保険者の事務が複雑になるという問題を避けようとするものである（Eichenhofer, 2015: 110）。これらの規定は，適用法の決定に関する規定の「例外」として定められている。しかし，実態としては，これらの規定が適用される外国での一時的な就労のケースが増加してきている。

(3) 複数の加盟国での就労

複数の加盟国で就労する者または自営業を行う者に対しては，就労または自営業の「本質的な部分（wesentlicher Teil）」がその者の居住する加盟国で行われる場合には，当該居住加盟国の社会保障に関する法令が適用される（調整規則883/2004第13条）。そうでない場合には，その者が就労する企業もしくは事業主が所在する加盟国または自営業の活動の中心となる加盟国の法令が適用される。

7. おもな給付分野での調整の概要

(1) 疾病給付

　疾病給付については，それが現物給付に該当するか，あるいは現金給付に該当するかによって，異なる調整ルールが適用される[45]。現物給付の場合にはつぎのような調整が行われる。たとえば，ドイツに居住しながらフランスで就労している労働者は就労地法原則に従い，フランスの医療保険に加入することになり，フランスの疾病保険金庫が管轄の保険者となる。この場合のように管轄加盟国（管轄の保険者が所在する加盟国）とは異なる加盟国で居住している被保険者[46]およびその家族は，病気になった場合には居住加盟国の給付主体により当該給付主体に適用される法令（この場合にはドイツ社会法典第5編）に従って行われる現物給付を受ける（調整規則883/2004第17条）。したがって，それらの者が受けられる給付の範囲や一部負担金の額も居住加盟国の法令の定めるところによることになる。ただし，その費用は管轄給付主体（フランスの管轄保険者）により負担される（図表2-2）。このような被保険者およびその家族も，管轄加盟国に滞在している期間においては，管轄の給付主体から管轄加盟国の法令の定めるところにより現物給付を受けることができる（同規則第18条）。

　被保険者およびその家族は，管轄加盟国と異なる加盟国に滞在している間（たとえば，バカンスでイタリアに滞在している期間）に病気になった場合にも同様に，滞在加盟国の給付主体により当該給付主体に適用される法令に従って行われる現物給付を受けることができる（同規則第

---

45) 現物給付として行われる疾病給付に関する調整の詳細については，第4章1.を参照されたい。
46) イギリスのNHS（国民保健サービス）の場合のように社会保険によらない給付制度の場合には受給権者を意味する。

図表 2-2　他の加盟国に居住している場合の疾病給付（現物給付）

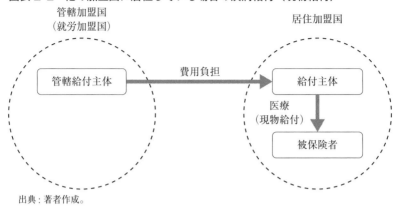

出典：著者作成。

19条）。ただし，被保険者およびその家族が治療を受けることを目的として他の加盟国に行く場合には，管轄給付主体の事前承認を得ることが必要とされている（同規則第20条）。

　一方，現金給付は，管轄加盟国とは異なる加盟国に居住する被保険者およびその家族に対しても管轄給付主体により行われる（同規則第21条）。たとえば，ドイツで就労しドイツ医療保険の被保険者である者が，オランダで居住している場合には，ドイツ社会法典第5編にもとづく傷病手当金をドイツ医療保険の保険者である疾病金庫から受けることができる。

(2)　介護給付

　前述のとおり，「介護給付」は調整規則883/2004第3条第1項（従前の規則1408/71第4条第1項）に限定列挙される対象給付に明示的には掲げられていない。この点に関して，司法裁判所はMolenaar事件の判決（1998年）[47]において注目される判断を示した。この訴訟の原告は，

---

47)　EuGH, Rs. C-160/96（Molenaar）, Slg. 1998, I-843.

オランダ人の男性とその妻であるドイツ人の女性であった。この夫婦はフランスに居住していたが，夫はドイツで就労しており，ドイツ介護保険の被保険者として保険料を負担していた。また，妻は夫の家族被保険者となっていた。それにもかかわらず，この夫婦は，外国に居住している限りは介護保険の給付を受給することはできないと保険者（介護金庫）から通告された。そこで，この夫婦は，相当する給付を受けることができない限り介護保険の保険料を負担する義務が存在しないとの決定を求めて訴訟を提起した。

　争点の一つは，介護保険の給付が規則1408/71の対象となるかどうかであった。この点について，司法裁判所は，同規則第4条第1項に介護給付は明示的には掲げられていないが，ドイツ介護保険の給付は同項a号に掲げる「疾病給付」に該当すると判断した。ドイツ介護保険の給付は疾病給付を補完するものであり，また，介護保険は組織的にも医療保険と結びつけられており[48]，かつ，要介護者の健康状態および生活条件を改善するという目的を有することがその根拠となった。

　もう一つの争点は，ドイツ介護保険の給付である介護手当が同規則でいう現金給付に該当するかどうかであった。なぜならば，疾病給付であっても現物給付と現金給付とでは異なるルールが適用されるからである。フランスにはドイツ介護保険の現物給付に相当する給付について規定する法令が存在しないため，この夫婦はドイツの介護金庫の費用負担による現物給付を受けることはできない。これに対して，現金給付は「給付の輸出」の対象となるため，この夫婦はフランスに居住していてもドイツ介護保険の現金給付を受給することが可能である

　「社会保障制度の調整に関する規則」でいう現物給付には，実際に医療サービスや医薬品などを給付することだけでなく，これらのための費用を負担・償還することも含まれると解されている[49]。したがって，

---

[48]　ドイツでは，医療保険の保険者である疾病金庫が介護保険の保険者である介護金庫を兼ねている。

現金の支払いが必ずしも現金給付に該当するというわけではなく，ドイツ介護保険による介護手当が現金給付に該当するかどうかが問題となる。これに対して，司法裁判所は，介護手当は費用補填の形態で行われる現物給付とはいえ，現金給付に位置づけられると判断した。その根拠は，介護手当は介護のための具体的な支出とは無関係に定期的に支払われ，その金額は実際の支出額にかかわらず要介護度に応じた額であり，かつ，その使途が介護サービスの利用に限定されていないことにあった。このため，この夫婦はフランスにおいてもドイツ介護保険の給付（介護手当）を受けることが可能であり，介護保険料の負担を免れることはできないとされた[50]。

(3) 老齢給付

老齢給付（老齢年金）のような長期給付に関する調整は，疾病給付や失業給付のような短期給付の場合とは異なっている。短期給付の場合には，国境を越えて移動する者に対しても一つの加盟国の法令にもとづく給付が行われるにすぎない。つまり，かつてフランスで就労したことがあり，現在はドイツで就労している者が病気になった場合には，ドイツの医療保険だけから疾病給付が行われる。これに対して，複数の加盟国で就労したことがある者がたとえば最後にドイツで就労し，年金支給開始年齢に到達した場合に，他の加盟国も年金保険料を徴収してきたにもかかわらず，その者に対して年金給付を行う責任をドイツだけに負わせることは適当でないと考えられる。

このため，老齢年金については，つぎのような方式が採用された。こ

---

49) EuGH, Rs. 61/65 (Vaassen-Goebbels), Slg. 1966, 377.
50) この事件のほかにも，司法裁判所は，Jauch 事件の判決（2001 年）(EuGH, Rs. C-215/99 (Jauch), Slg. 2001, I-1901) において，税を財源として要介護者に対し要介護度に応じた金額が所得の多寡にかかわりなく支給されるオーストリアの介護手当も，ドイツの介護手当と同様に疾病給付の現金給付に該当すると判断した（松本，2011: 17）。

のような者が受け取る年金は，その者が就労したことのある加盟国において経過したそれぞれの被保険者期間等にもとづく複数の年金から構成される。その者が被保険者となっていた加盟国はそれぞれの国での期間に応じて年金のための費用を負担する。ただし，その者はすべての国に年金の受給申請を行う必要はない。通常は居住加盟国（居住加盟国で就労したことがない場合には，最後に就労していた加盟国）の保険者に申請を行えば，その保険者が申請を処理し，他の加盟国の保険者とも連絡を取ることになっている。

　「期間通算」の原則は年金受給に必要な被保険者期間等（待機期間）を満たすうえで重要な意味を持っている。たとえば，ルクセンブルクで25年の被保険者期間のある者がドイツで3年間就労した場合には，ルクセンブルクでの被保険者期間を通算することでドイツでも老齢年金の待機期間（5年）を満たすことが可能となる。ただし，各国が支給すべき年金額は，通算された被保険者期間ではなく，あくまでもそれぞれの国における被保険者期間に応じて計算されることに注意する必要がある。

　年金額の算定は，当該受給者が被保険者となっていたことがあるすべての加盟国ごとに独立給付（autonome Leistung）の額と案分比例給付（anteilige Leistung）の額を算定することにより行われる（調整規則883/2004第52条）。

　独立給付の額は，他の加盟国での被保険者期間等との通算を行わなくても当該加盟国の法令のみによって給付受給要件が満たされる場合に，当該加盟国の法令のみにもとづき算定される額である。たとえば，ある者がA国，B国およびC国で就労し，それぞれ10年，20年および10年の被保険者期間を有するとする。この者の場合には，フルの年金額に対する割合が被保険者期間1年ごとに2％ずつ増加するA国での独立給付の額は，フル年金の20％（2％×10）となる。最終賃金に対する割合が被保険者期間1年ごとに1.75％ずつ増加するB国での独立給付の額

は，最終賃金の35%（1.75%×20）となる。被保険者期間や居住期間にかかわりなく一律1500ユーロのフラット年金を支給するC国での独立給付の額は，1500ユーロとなる[51]。

　案分比例給付の額の算定は，理論額（theoretischer Betrag）の算定と現実額（tatsächlicher Betrag）の算定の2段階で行われる。理論額は，加盟国で経過した当該受給者のすべての被保険者期間等が当該加盟国で経過したと仮定した場合に得られる金額である。上記の例では加盟国で経過した被保険者期間は合計で40年（10年＋20年＋10年）となるので，理論額は，A国ではフル年金の80%（2%×40年），B国では最終賃金の70%（1.75%×40年），C国では1500ユーロとなる。それぞれの国での現実額は，理論額に合計の被保険者期間に対する当該国での被保険者期間の割合を乗じることにより計算される。すなわち，現実額はA国ではフル年金の20%（80%×10/40），B国では最終賃金35%（70%×20/40），C国では（1500×10/40）ユーロとなる。

　最後に，それぞれの加盟国について，独立給付の額と案分比例給付の額の比較が行われ，受給者はより高額の方の給付を受給することができる。

(4)　失業給付

　労働者が管轄加盟国（多くの場合，失業前に最後に就労していた加盟国）で失業し，かつ，その国に居住している場合には，その国の法令にもとづき支給可能な失業給付のみが支給される。したがって，この労働者は以前に就労していた加盟国から失業給付を受けることはできない。給付の算定が管轄加盟国での従前の報酬を基礎として行われる場合には，その国で得ていた報酬だけが考慮される（調整規則883/2004第62条）。

---

[51]　一方，5年の待機期間を満たすことが必要とされるドイツで3年間被保険者であった者の独立給付の額は0ユーロとなる。

管轄加盟国での受給要件を満たすために必要がある場合には，他の加盟国での被保険者期間および就労期間が通算される。ただし，特定の被保険者期間が経過していることを給付要件としている管轄加盟国においては，他の加盟国での就労期間は管轄加盟国の法令により被保険者期間とみなされるものでないかぎり考慮されない（同規則第61条）[52]。

　また，失業給付の額が家族の数に依存する場合には，給付額の算定にあたって，他の加盟国に居住している家族の数も管轄加盟国に居住しているものとして考慮される。

　一方，管轄加盟国の法令により給付受給要件を満たす失業者が，求職のため他の加盟国におもむく場合の失業給付の受給に関しては，前記5.(4)①のとおり，「給付の輸出」に関する例外が適用され，一定の条件のもとで限られた期間だけ失業給付を受給することが認められているにすぎない（同規則第64条）。

(5) 家族給付

　調整規則883/2004第67条によれば，他の加盟国に居住する家族がいる者は，その家族が管轄加盟国に居住しているものとして管轄加盟国の法令にもとづく家族給付を受けることができる。このため，同じ期間に同じ家族に関して複数の加盟国から家族給付が行われる可能性がある。一つは，複数の加盟国から異なる根拠にもとづき家族給付が行われる場合である。たとえば，A国からは国内で就労する父親に対して，B国からは国内に居住する母親に対して，同じ子に関する児童手当が支給されるケースがこれに該当する。もう一つは，複数の加盟国から同じ根拠にもとづき家族給付が支給される場合である。たとえば，A国からは国内で就労する父親に対して，B国からも国内で就労する母親に対して，同じ子に関する児童手当が支給されるケースがこれに該当する。後者の場

---

[52] 他の加盟国での被保険者期間は常に考慮される（Eichehofer, 2015: 159）。

合は，さらに支給根拠が労働者・自営業者としての活動，年金受給および居住による場合に区分される。

　同規則第68条第1項はこのような区分に応じて家族給付の優先順位を定めている。それによれば，家族給付が複数の加盟国から異なる根拠にもとづき支給される可能性がある場合の優先順位は，労働者または自営業としての活動にもとづく受給権，年金受給にもとづく受給権，居住にもとづく受給権の順となる。

　家族給付が複数の加盟国から同じ根拠にもとづき支給される可能性がある場合の優先順位はつぎのようになる。まず，家族給付が労働者または自営業としての活動を根拠として支給される場合は，子の居住する加盟国が優先される。ただし，労働者または自営業としての活動の一つが子の居住する加盟国で行われることを条件とする。この条件が満たされない場合には，給付額の最も高い国が給付を行う[53]。

　つぎに，家族給付が年金受給を根拠として支給される場合は，子の居住する加盟国が優先される。ただし，年金の一つが子の居住する加盟国の法令にもとづき受給されることを条件とする。この条件が満たされない場合には，被保険者期間または居住期間が最も長い加盟国が優先される。最後に，家族給付が居住を根拠として支給される場合は，子の居住する加盟国が優先される。

　このような優先順位が適用されることにより，優先されない給付の支給は停止される。しかし，停止される給付が優先される給付よりも高い水準となることもありうる。この場合には，前者は後者の金額に相当する部分だけが停止され，それを超える部分は支給されることになる（調整規則883/2004第68条第2項）。たとえば，父親はA加盟国で就労し，母親はB加盟国で就労しながら子と居住しているとする。また，

53）　この場合には，その額の半分を給付額の低い加盟国が負担する。ただし，その負担額は当該加盟国の法令にもとづく給付額を超えることはできない（規則987/2009第58条）。

この両国では,家族給付が就労を根拠として行われ,その金額はそれぞれ300ユーロおよび200ユーロであるとする。優先するのは子の居住加盟国であるB加盟国の給付であるが,A加盟国の給付はこれを100ユーロだけ上回っている。したがって,このケースでは200ユーロがB加盟国から,100ユーロがA加盟国から支給されることになる。

(6) 労働災害・職業病給付

労働災害・職業病給付に関しては,受給権者が管轄加盟国以外の加盟国に居住している場合などに関して,疾病給付に準じた取扱いが行われている（第36条）。したがって,他の加盟国に居住している受給権者に対する現物給付は,管轄給付主体の費用負担の下で居住加盟国においてその法令に従って行われる。また,このような受給権者に対する現金給付は,管轄加盟国の給付主体からその法令に従って行われる。

8. まとめ

以上述べた調整規則883/2004にもとづく社会保障制度の調整の重要な特徴としてつぎの点を指摘することができる。

(1) 調整の必要性および目的

各国でそれぞれに構築され,発展を遂げてきた社会保障制度は属地主義にもとづくものとなっている。そのために国境を越えて移動する者は社会保障に関していくつかの重大な問題に直面する可能性がある。それらの問題は決して一つの国だけで解決できるわけではなく,国ごとに異なる社会保障制度が存在することを前提に,国境を越えて移動する者を対象として社会保障制度の調整を行うための国際的なルールが必要となる。

このようなルールの一つとして設けられた調整規則883/2004は,EU

が加盟国全体の経済的な利益のために加盟国間での労働者等の自由移動を確保しようとすることと密接な関係を有している点に重要な特徴がある。すなわち，EUにおける社会保障制度の調整は，それぞれの加盟国間での個別の利害に応じたものではなく，EUとしての政策の重要な柱の一つである域内での人の自由移動を確保するため，国境を越えて移動する者が社会保障に関して不利益を受けることがないようにすることを第一義的な目的としている。

この点は，第10章で述べるように個別の関係国間での人の移動の状況や経済関係などを色濃く反映した目的をもって社会保障制度の調整が行われている社会保障協定の場合とは大きく異なる特徴である。

(2) 調整の実効性

EUによる社会保障制度の調整に関しては，高い実効性が担保されていることが重要な特徴の一つとなっている。社会保障制度の調整に関する具体的な内容は，各加盟国の国内法での実施を必要とせず，加盟国および加盟国のすべての国民に対して直接的な拘束力を有するEU規則により定められている。また，EU規則については，その解釈および効力に関して，関係国の事務当局間での協議ではなく，独立した司法裁判所の判断を求めることができる仕組みが設けられている。この仕組みを通じて，調整規則883/2004についても統一的な効力および適用の確保が可能となっている。さらに，司法裁判所の判決は，「社会保障制度の調整に関する規則」の改正にも反映されるなど，社会保障制度の調整に関する制度の発展に大きく寄与している。

(3) 調整の対象

調整規則883/2004にもとづく社会保障制度の調整においては，その対象が年金保険の給付のような特定の分野の給付に限定されるのではなく，社会保障の幅広い分野の給付を対象として包括的な調整が行われて

いる。このことは，第10章で述べる社会保障協定にもとづく調整とは大きく異なる特徴である。ただし，労働者の自由移動の確保を第一義的な目的としてきた「社会保障制度の調整に関する規則」の対象給付からは「社会扶助の給付」が除外されており，「社会扶助の給付」は「社会保障の給付」と異なるカテゴリーに属するものとして取り扱われてきた。

　調整の対象者の範囲は，当初においては労働者に限定されていた。しかし，その後においては順次拡大が行われ，今日ではすべてのEU市民にまで拡大されている。これに対して，対象給付の範囲は，基本的には社会保障の最低基準について定めたILO102号条約が対象としているような伝統的な社会的リスクに対応するものにとどまっている。このため，「要介護のリスク」のような新たなリスクに対応する給付については，司法裁判所の解釈により調整の対象に含められる状況が続いている。

(4)　基本原則および適用法の決定

　調整規則883/2004には，各給付分野における調整の基礎となるいくつかの重要な基本原則が定められている。しかしながら，これらがすべての給付分野において同等に適用されているわけではなく，たとえば，失業給付に対する「給付の輸出」の基本原則の制限的な適用のように，個別の給付分野の特性に応じた重要な例外が存在する。

　複数の加盟国で就労する者や居住加盟国と異なる加盟国で就労する者にいずれの加盟国の制度を適用するかについては，就労地法原則にもとづく決定ルールが設けられている。このルールは排他的な効力を有するとされる。しかし，このルールにより管轄加盟国に該当しないとされる加盟国であっても，その国の国内法にもとづき対象者が国内に居住することを根拠として給付を行うことは排除されないとする裁判例（Bosmann事件）もみられる。

(5) 調整の方法

　具体的な調整の方法は対象となるすべての給付に共通しているわけではなく，それぞれの給付の性格に応じた方法が採用されている点に特徴がある。

　すなわち，現物給付と現金給付とでは，基本的に異なる調整の方法が採られている。現物給付の場合には，管轄加盟国以外の加盟国にいる受給権者には，当該管轄加盟国以外の加盟国の法令に沿ってその国の国民と同等の給付が行われる。その意味において受給者はいわばその国の社会保障制度に「統合（インテグレート）」されることになる。一方，現金給付は，受給権者が他の加盟国にいる場合でも，あくまでも管轄加盟国によって当該管轄加盟国の法令に沿った給付が行われる。

　同様に，短期給付と長期給付との間でも基本的な相違点が存在する。短期給付の場合には一つの加盟国から給付が行われるにすぎないが，老齢年金のような長期給付の場合には，複数の加盟国で就労したことがある者にはそれまでに加入していた複数の加盟国から給付が行われることになる。同様に複数の加盟国から給付が行われる可能性は，児童手当などの家族給付の場合にも想定される。このため，このような給付の場合には，複数の加盟国から支給される給付の総額が大きくなりすぎないようにすることや優先順位が定められている。

◆コラム：3つの Räte

　欧州評議会という組織の名前を耳にしたことはあるだろうか。欧州評議会は EU の機関ではなく，人権，民主主義および法治国家のために 1949 年に設けられた国際的な組織である。今日，欧州評議会にはすべての EU 加盟国を含む 47 ヵ国が加盟している。

　欧州評議会の第一の成果は欧州人権条約にある。この条約の枠内で人々がその権利を守れるよう欧州人権裁判所が設置されている。この欧州人権裁判所はフランスのストラスブールに所在しており，本書においてしばしば登場する欧州連合司法裁判所（ルクセンブルク所在）とは別の組織である。

　このようにヨーロッパの組織にはよく似た名前がついていることがあり，そのために取り違えてしまうこともめずらしくない。とくにドイツ語では，EU の機関である欧州理事会（Europäischer Rat）および理事会（Rat der Europäischen Union）ならびにこの欧州評議会（Europarat）のいずれにも Rat（理事会，評議会，協議会）という単語が使われているためになおさらまぎらわしい。ドイツでは，「3 つの Räte〈Rat の複数形〉に Ratlos（困惑する）」というしゃれもあるぐらいだ。

第3章　新たなEU規則

　EUにおいては加盟国間での人の自由移動を促進することを目的として社会保障制度の調整が行われている。この調整は，EUの前身である欧州経済共同体において開始されたものであり，その後においても，司法裁判所の判決などに対応して様々な改正が加えられてきた。その結果，調整の仕組みは複雑となり，その全体像を把握することが難しいものとなっていった。このため，従来の仕組みを見直し規定の簡素化を行うことを目的として新たなEU規則（調整規則883/2004）が制定され，2010年に施行された。

　この章では，この新たな規則がEU加盟国間での社会保障制度の調整にもたらした重要な変化を把握し，その評価を行うこととする。

1. 新規則の制定経緯

　第2章1.(2)で述べたようにEUにおける社会保障制度の調整は，その前身である欧州経済共同体において1959年に規則3/58および規則4/58が施行されたことにより開始された。1972年には，これらの規則に代わって規則1408/71および規則574/72が施行された。規則1408/71については，施行後においても適用対象者の拡大が行われるとともに，司法裁判所の判決などに対応した改正が積み重ねられた。このため，この規則の条文は膨大な数となった。規則1408/71は司法裁判所の判決を考慮に入れずには解釈できなくなり，また，その主要な規定について多くの例外が設けられたために極めて複雑なものとなっていった。このこ

図表3-1 「社会保障制度の調整に関する規則」の変遷

施 行 日	1959年1月1日	1972年10月1日	2010年5月1日
調整に関する規則	規則 3/58	規則 1408/71	規則 883/2004*
実施に関する規則	規則 4/58	規則 574/72	規則 987/2009**

* 本書では「調整規則883/2004」という。
** 本書では「実施規則987/2009」という。
出典:著者作成。

とは,この規則の適用対象となる「国境を越えて移動する労働者」だけでなく,法的なアドバイスを行う者や裁判官にとっても問題となった。このため,規則1408/71の抜本的な改正と簡素化を求める声が高まっていった(Devetzi, 2010: 118)。

1992年12月には調整システムの簡素化を求める理事会決定が行われ,これを受け1998年12月には欧州委員会が新しい規則の案を提案した[1]。この提案については,その後5年間にわたり加盟国による分析と討論が行われた。欧州委員会による提案にいくつもの修正が加えられ,最終的には2004年4月に調整規則883/2004が規則1408/71に代わって新たに制定された。この規則は,2009年9月に制定された実施規則987/2009とあわせて2010年に施行された(図表3-1)。

2. 主要な改正点

新たな規則(調整規則883/2004)の内容は,従来の規則1408/71の内容に次のような改正を加えたものとなっている。

---

1) KOM (1998) 779 endg.

(1) 適用範囲

① 適用対象者の範囲

1） EU市民

1992年に締結されたマーストリヒト条約によりEU市民権が導入されたことを受け，調整規則883/2004においては，適用対象者の範囲がすべてのEU市民ならびにその家族および遺族へと拡大された。この結果，その者が労働者または自営業者として経済活動に従事しているか否かは問題とされなくなり，EUによる社会保障制度の調整にもともと存在していた経済的な動機は後景に退いた。また，これによって「労働者」および「自営業者」の定義規定は必要でなくなり，適用対象者に関する規定は簡素化された。

とはいえ，従来の規則の下でも，司法裁判所によって適用対象者の範囲が広く解釈されることにより大部分のEU市民が適用対象者となっていたため，新たな規則の制定により対象者の範囲が実際に大きく変化したというわけではない（Devetzi, 2010: 126）。

このような例としては，たとえばvan Roosmalen事件の判決（1986年）[2]をあげることができる。司法裁判所はこの判決において「自営業者」の広範な解釈を行っている。この訴訟の原告はオランダ人の司祭であり，1955年から1980年までベルギー領コンゴ（現在のコンゴ民主共和国）で宣教師をしていた。彼は，一時帰国中の1977年にオランダの一般労働不能保険法（AAW）にもとづく任意保険に加入した。その後，彼はザイールで労働不能の原因となる病気にかかり，ヨーロッパに帰還してベルギーに居住することになった。しかしながら，彼はオランダから労働不能給付を受けることができなかった。その理由は，同法によればオランダにおいて52週間以上継続して労働不能の状態にある者

---

[2] EuGH, Rs. 300/84 (van Roosmalen), Slg. 1986, 3097.

だけが給付請求権を有するとされていることにあった。もちろん，規則1408/71が適用されれば，給付受給にこのような地域的な条件（他の加盟国であるベルギーではなくオランダにおいて労働不能の状態にあること）を付けることは認められない。したがって，彼にとっては自分がこの規則の適用対象である「自営業者」に該当することが重要な意味を持っていた。彼は，教団から収入を得ていたわけではなく，教区民により経済的に支援されていた。

この点に関して，司法裁判所は次のような判断を示した。

「「自営業者」とは労働契約によらずに職業活動を行う者である。また，自営業者はその活動に対する直接の反対給付として報酬を得る必要はない。その活動の枠内で生活費の一部または全部が賄える収入，本件の場合には宣教師としての布教活動のために第三者がもたらす収入を得る場合であっても「自営業者」として認められる。」

2) 第三国の国民

さらに，適用対象者の範囲を加盟国国民以外の者にまで広げる動きもみられた。欧州委員会は，「社会保障制度の調整に関する規則」の適用対象者を加盟国に合法的に滞在する加盟国以外の国民（アイスランド，ノルウェーおよびリヒテンシュタインならびにスイスの国民を除く）[3]にまで拡大することを3度にわたり提案した。しかし，この提案については，対象拡大の根拠となる欧州共同体設立条約第42条が加盟国国民

---

3) アイスランド，ノルウェーおよびリヒテンシュタインならびにスイスの国民に対しては，「欧州経済領域に関する条約（Abkommen über den Europäischen Wirtschaftsraum）」ならびに「自由移動に関するスイス連邦と欧州共同体およびその加盟国との間の協定（Abkommen zwischen der Schweizerischen Eidgenossenschaft einerseits und der Europäischen Gemeinschaft und ihren Mitgliedstaaten andererseits über die Freizügigkeit）」にもとづき規則1408/71が適用されてきた。また，前者の3ヵ国には2012年6月以降，スイスには2012年4月以降，新たな規則である調整規則833/04が適用されている。

を対象としたものであることが議論となった。このままでは，たとえば，最初にフランスで，引き続きベルギーで合法的に滞在し，就労したモロッコ人は，フランスでの就労期間をベルギーの失業給付の受給に必要な就労期間を満たすために用いることはできない。

そこで，欧州委員会は，調整規則883/2004の前身である規則1408/71を加盟国以外の国民に適用することを内容とする別の規則を欧州共同体設立条約第63条第4号[4]にもとづき制定することを提案し，それが2003年に理事会で採択された（規則859/2003[5]）。これにより，たとえば加盟国以外の国民の加盟国における被保険者期間は2003年より前のものも含めて年金受給権の有無を決定する場合に考慮されることになった（Schulte, 2010a: 149）。

興味深い点は，欧州共同体設立条約第42条を根拠として規則1408/71の適用範囲を加盟国以外の国民にまで拡大することには加盟国の中に強く反対する国があったにもかかわらず，同条約第63条第4号を根拠として別の規則を制定することは加盟国に受け入れられたことである。その理由は，規則1408/71の適用範囲を加盟国以外の国民にまで拡大することに慎重な姿勢をとっていたイギリス，アイルランドおよびデンマークには，同条約第63条第4号を根拠とする規則を受け入れるか否かを自ら決定することが認められていたからである[6]（Pennings, 2015a: 44）。規則859/2003の採択後において，結果的にイギリスとアイルランドはこの規則を受け入れることとしたが，デンマークは受け入れなかった。

欧州委員会は，2007年に社会保障制度の調整に関する新たな規則で

4） この規定によれば，理事会は，加盟国に合法的に滞在する非加盟国の国民が他の加盟国に滞在する権利と条件を定めることとされていた。
5） Verordnung (EG) Nr. 859/2003 des Rates vom 14. Mai 2003 zur Ausdehnung der Bestimmungen der Verordnung (EWG) Nr. 1408/71 und der Verordnung (EWG) Nr. 574/72 auf Drittstaatsangehörige, die ausschließlich aufgrund ihrer Staatsangehörigkeit nicht bereits unter diese Bestimmungen fallen.
6） アムステルダム条約（Vertrag von Amsterdam）付属書第4号および第5号。

ある調整規則883/2004の適用範囲を加盟国に合法的に滞在する加盟国以外の国民（アイスランド，ノルウェーおよびリヒテンシュタインならびにスイスの国民を除く）にまで拡大することを提案した。この提案は長い交渉の末に採択され，規則1231/2010[7]が制定された。しかし，イギリスとデンマークはこの規則1231/2010を受け入れなかった。

イギリスは前述の規則859/2003を受け入れているため，イギリスとの関係においては加盟国に合法的に滞在する加盟国以外の国民に対し社会保障制度の調整に関する従来の規則である規則1408/71が引き続き適用される。したがって，たとえば加盟国以外の国民がドイツとイギリスで被保険者期間を有する場合には，調整規則883/04ではなく規則1408/71にもとづく取扱いが行われる[8]。

イギリスがこのような態度をとった重要な理由は，規則1408/71の適用対象者が労働者と自営業者に限られることにある。このため，規則1408/71が引き続き適用されるかぎりは，加盟国以外の国民であって稼得活動に従事しない者はイギリスの国民保健サービス（National Health Service（NHS））に自由にアクセスすることができない。この点にイギリス政府の大きな利害関心があったわけである（Pennings, 2015a: 44）。

② 適用対象給付の範囲

調整規則883/2004においても適用対象給付の範囲は，従来の規則1408/71と同様に社会保障の各分野の給付（疾病給付，老齢給付，失業給付など）を限定列挙することにより定められた。従来の規則と比較し

---

7) Verordnung（EU）Nr. 1231/2010 des Europäischen Parlaments und des Rates vom 24. November 2010 zur Ausdehnung der Verordnung（EG）Nr. 883/2004 und der Verordnung（EG）Nr. 987/2009 auf Drittstaatsangehörige, die ausschließlich aufgrund ihrer Staatsangehörigkeit nicht bereits unter diese Verordnungen fallen.

8) 一方，デンマークとの関係では加盟国以外の国民に対しては規則1408/71も調整規則883/2004も適用されない。しかし，ドイツの保険者は技術的に可能なかぎり片務的に調整規則883/2004を適用している（Bokeloh, 2016b: 70）。

て新たな点は,母性給付だけでなく父性給付が対象に加えられたこと,および早期退職給付が明示的に対象に加えられたことである。ただし,この規則の対象はあくまでも「法令」にもとづく給付であり,早期退職給付について多くみられる「賃金協約上の合意」にもとづく給付は対象とならない。このように,同規則の対象としては,依然として,1952年に採択された「社会保障の最低基準に関する条約(ILO102号条約)」[9]にもみられるような伝統的なリスクに対応する給付が掲げられている。

そもそも1998年に欧州委員会が提案した新たな規則の案においても,その適用対象給付としては社会保障の伝統的な分野の給付が列挙された。ただし,この規則の適用対象は,列挙された範囲に限定されるわけではなく,介護給付など社会保障に関する新たな分野の給付も含むとされていた[10]。しかし,この考えは理事会には受け入れられなかった。このため,実際に制定された調整規則883/2004では従来の規定が踏襲された。

欧州連合運営条約第48条は労働者の自由移動を確立するために「社会保障の分野において」必要な措置を講じることを求めていることは,社会保障全般をこの規則の適用対象に含めようとする欧州委員会の提案の有力な根拠になりうると考えられる。ただし,この提案を採択すれば,たとえば,住宅助成金,税の還付,奨学金などが「社会保障」の給付に含まれるのかどうかを判断することが必要となる。しかし,「社会保障制度の調整に関する規則」においては,そもそも「社会保障」の用語は定義されていないため,このような判断を行うことは容易ではないと考えられる。

---

9) Convention concerning Minimum Standards of Social Security, C102, 1952.
10) KOM (1998) 779 endg., S. 7.

(2) 基本原則

① 平等取扱い

　平等取扱いの原則は，従来の規則1408/71にも定められていた。しかし，従来の規定では，平等取扱いの原則の適用対象はいずれかの加盟国に居住する者に限られていた。これに対して新たな規則では加盟国以外の国に居住しているが加盟国の国籍を有する者に対しても，平等取扱いの原則が適用されることになり，この原理の適用が一層強化された (Cornelissen, 2009: 56)。これにより，加盟国が，自国の年金の受給者であってEU域外に居住する者のうち，自国の国籍を有する者だけに年金スライドを適用するようなことはできなくなった。

② 事実状況の同等取扱い

　他の加盟国の法令による給付または他の加盟国での収入を得ることや，他の加盟国で生じた事実や出来事を管轄加盟国の領域内で得たものまたは生じたものとみなす規定は，すでに従来の規則1408/71にも存在した。たとえば，規則1408/71第23条第3項は，加盟国の管轄給付主体は，当該加盟国の法令により現金給付の額が家族の数に応じたものとされている場合に，受給者の家族であって他の加盟国に居住する者を国内に居住する者として考慮することと定めていた。また，同規則第56条は，他の加盟国において発生した通勤災害を管轄加盟国で発生したものとみなすことと定めていた。このように従来の規則では，個別の給付，収入，事実および出来事に応じて，それらを国内で得られたまたは生じたものとみなす数多くの規定が設けられてきた[11]。これに対して，調整規則883/2004においては，給付受給の根拠となりうるすべての給

11）規則1408/71の第23条第3項および第56条のほか，第9a条，第10a条第3項，第57条第2項および第3項，第65条第1項および第2項，第68条第2項などがこれに該当する。

付，収入，事実および出来事を対象に原則として統一的に適用される規定が設けられ，規定の大幅な簡素化が行われた。

③ 期間通算

　従来の規則1408/71においては，個別の給付分野ごとに他の加盟国での被保険者期間等を考慮する規定が設けられていた。たとえば，同規則第18条は疾病・母性給付に関して，第45条は老齢・遺族給付に関して，第72条は家族給付に関して，他の加盟国での被保険者期間等を考慮することが定めていた。これに対して，調整規則883/2004においては，すべての給付分野に適用される統一的な規定が設けられ（第6条），期間通算に関する規定が大幅に簡素化された。

④ 給付の輸出

　「給付の輸出」は，従来の規則1408/71においても規定されていた（第10条）。それによれば，障害・老齢に関する現金給付，遺族のための現金給付，労働災害または職業病に関する年金，ならびに葬祭料は，受給権者が支給義務のある給付主体が所在する加盟国とは異なる加盟国に居住していることを理由として減額され，変更され，停止され，取り上げられまたは差し押さえられてはならないとされていた。

　この「給付の輸出」の原則は，調整規則883/2004第7条においても維持され，特定の給付だけでなく，原則として失業給付および「保険料によらない特別の現金給付」を除くすべての現金給付にこの原理が適用されることになった。

　規則1408/71においても，完全失業者であって管轄加盟国の法令にもとづく受給要件を満たし，かつ，求職のために他の加盟国におもむく者は，3ヵ月間に限り失業に関する現金給付を受けることが認められていた（第69条）。労働市場が各国の領域を越えてEU全体へと拡大・発展するなかで，国境を越えて就労する労働者に対する失業給付がますます

重要な意味を持つようになってきていることから，1998年末に欧州委員会が提案した新たな規則の案では，他の加盟国において求職活動を行うことへの妨げを取り除くため，この期間が6ヵ月とされていた[12]。しかし，多くの加盟国がこの規定の悪用を恐れたため，理事会では最終的にこの提案は採用されず，この期間は3ヵ月のままとされた。ただし，新たな規則では管轄の労働行政機関または給付主体がこの期間を最長6ヵ月にまで延長することができることとされた（第64条）。

「保険料によらない特別の現金給付」については，従来の規則1408/71に1992年の改正により導入された第4条第2a項および第10a条に相当する規定が，調整規則883/2004においても定められた（第3条第3項および第70条）。

⑤ 良好な事務協力

調整規則883/2004第76条は従来の規則1408/71第84条および第84a条を引き継いで事務協力について定めている。事務協力に関連する新たな点は，実施規則987/2009第6条および第7条において暫定的な法令の適用および給付の実施，ならびに暫定的な給付および保険料の算定に関する規定が設けられたことである。これにより，いずれの加盟国の法令が適用されるかについて加盟国間で意見の相違がある場合には，実施規則987/2009第6条に定められた優先順位[13]に従って暫定的に適用される法令が決定される。また，管轄給付主体は，給付および保険料の算定に必要な他の加盟国における状況に関する情報のすべてを入手するにいたっていない場合には，対象者の申請にもとづき給付および保険料を暫定的に算定する。

---

12) KOM（1998）779 endg., S. 47.
13) 就労または自営業を行っている加盟国，居住している加盟国，最初に申請した加盟国の順とすることなどが定められている。

(3) 適用法の決定

① 居住地法原則

調整規則883/2004の制定をめぐる議論においては，一定の給付制度に「居住地法原則」を導入することを提案する論者もみられた。しかし，労働条件に関して他の加盟国の労働者を国籍の違いにより差別してはならないことは，欧州連合運営条約第45条第2項（欧州共同体設立条約第39条第2項）に定められた一般原則である。このため，「社会保障制度の調整に関する規則」において「就労地法原則」以外の原則を採用することは容易ではない。

制定された調整規則883/2004では，第11条から第16条までの規定により適用法の決定に関するルールが定められている。これらは基本的に従来から採用されてきたルールである就労地法原則に沿っている。ただし，経済活動に従事しない者，他の加盟国に一時的に派遣される者および複数の加盟国で就業する者に関しては，新たな規則では変更が加えられた。

従来の規則1408/71（第13条第2項f号）では，経済的な活動を終え引退した者にのみ「居住地法原則」が適用されることになっていた。これに対して，調整規則第883/2004のこれに相当する規定（第11条第3項e号）では，この規則の適用対象者の拡大に対応して，引退した者か，一度も働いたことがない者かにかかわらず，経済的な活動を行わない者には「居住地法原則」が適用されることになった。

② 一時的な派遣

ある加盟国で就労している者が，事業主により他の加盟国に派遣され，その国で当該事業主の責任の下で働く場合に，引き続き前者の加盟国の法令が一定期間だけ適用される。この期間は調整規則第883/2004において従来の12ヵ月から24ヵ月に延長された。これによって，労働

者は派遣元加盟国の社会保障制度の適用を受けたままで，他の加盟国で一時的に働くことができる可能性が広げられた。また，自営業を行っている者についても，通常活動を行っている加盟国とは別の加盟国で同様の活動を行う場合に，前者の加盟国の法令が適用される期間が24ヵ月に延長された。ただし，この規定が適用されるのは，当該自営業者が他の加盟国で同様の活動を行う場合に限るという制約が付けられた。このため，自営の農業者が他の加盟国で建設事業者として活動しようとする場合にはこの規定の適用対象とはならない（Schoukens, Pieters, 2009a: 167）。

③ 複数の加盟国での就労

2つ以上の加盟国で就労する者または自営業を行う者に対しても，一つの加盟国の法令だけが適用される。従来の規則1408/71では，その者が居住加盟国でも就労または自営業の一部を行っている場合には，居住加盟国の社会保障に関する法令が適用されるとされていた（第14条第2項b号および第14a条第2項）。したがって，加盟国AおよびBで就労し，加盟国Bで居住する者には，加盟国Bでの就労時間がたとえ週1時間であっても加盟国Bの法令が適用される。このルールでは，このような者にとって居住加盟国の制度がより魅力的な場合には，居住加盟国でわずかな就労または自営業を行うことにより他の加盟国の制度の適用を逃れることができた。

これに対して，調整規則883/2004では，2つ以上の加盟国で就労する者または自営業を行う者にその者の居住加盟国の社会保障に関する法令が適用されるのは，就労または自営業の「本質的な部分」が居住加盟国で行われる場合とされた（第13条）。そうでない場合には，その者が就労する企業もしくは事業主が所在する加盟国または自営業の活動の中心となる加盟国の法令が適用される。したがって，たとえば，就労する企業の所在する加盟国でフルタイム就労を行うほかに居住加盟国で週1

時間の活動を行う者には，前者の加盟国の法令が適用される。

　この「本質的な部分」に関しては，実施規則987/2009第14条第8項に具体的な規定が設けられている。それによれば，労働者の場合には労働時間，労働報酬が，自営業者の場合には売上，労働時間，サービスの件数，収入が判断基準とされている。これらの判断基準に関して，当該加盟国での割合が全体の25％未満の場合には，当該加盟国では「本質的な部分」が行われているとはいえない可能性が示される。しかしながら，それぞれの判断基準を全体としてどのように勘案するのか[14]，また，様々な活動にこれをどのように当てはめていくのかは必ずしも明らかではなく，加盟国の裁量に委ねられている部分が大きい。

(4) 給付分野ごとの調整

① 疾病給付

　従来の規則1408/71でも，管轄加盟国と異なる加盟国で居住している労働者または自営業者ならびにその家族は，居住加盟国の給付主体から当該給付主体に適用される法令にしたがって現物給付を受けることができるとされていた（第19条）。また，管轄加盟国と異なる加盟国で居住している労働者または自営業うち，居住加盟国に毎日，少なくとも週に一度は帰国する「越境通勤者（Grenzgänger）」は，管轄加盟国に滞在している期間において管轄の給付主体から現物給付を受けることも認められていた（第20条）。つまり，それらの者は，現物給付を居住加盟国において受けることも，管轄加盟国において受けることも可能とされていた。しかし，越境通勤者の家族には，緊急の必要がある場合を除き，加盟国間での合意がある場合や事前の承認を受けた場合に限り管轄加盟国での受給が認められていたにすぎなかった。

　これに対して，調整規則883/2004では，越境通勤者に限らず，管轄

---

14) たとえば，それぞれの判断基準に優先順位があるのか，すべての判断基準に関して当該加盟国での割合が25％以上でなければならないのかなどが不明である。

加盟国と異なる加盟国に居住している者およびその家族には居住加盟国または管轄加盟国で現物給付を受けることが認められた（第18条）。ただし，管轄加盟国が付属書Ⅲに掲げる国[15]である場合には，越境通勤者の家族が管轄加盟国で医療を受けられるのは緊急の医療上の必要があるときに限られる（第18条第2項）[16]。

　従来の規則では，越境通勤者であっても，引退後においてはこのような選択権が認められなくなった。このため，これらの者は，現役の間に就労していた加盟国の医師による治療を受けていたとしても，引退後は居住する加盟国の医師による治療を受けなければならなくなった。調整規則883/2004では越境通勤者が引退して年金受給者となった場合にも，それまで就労していた国で開始された治療を引き続き受けることができるとされた（第28条第1項）。

② 介護給付

　第2章7.（2）で述べたMolenaar事件の判決では，ドイツ介護保険による介護手当が「疾病給付」に該当するとの判断が示された。しかし，他のいくつかの加盟国では，要介護者に対して，ドイツのような介護保険ではなく，社会扶助あるいはこれに類似した制度により給付が行われている。これらの給付のなかには「疾病給付」ではなく，調整規則883/2004第70条に規定される「保険料によらない特別の現金給付」に該当する可能性のあるものが含まれている（Schulte, 2010b: 206）。現状では，いずれが「疾病給付」とみなされるのか，また，いずれが「保険料によらない特別の現金給付」として「給付の輸出」の例外になるのか

---

[15] 付属書Ⅲに掲げられている加盟国はデンマーク，エストニア，アイルランド，スペイン，イタリア，リトアニア，ハンガリー，オランダ，フィンランド，スウェーデンおよびイギリスである。

[16] 特別の費用がかかることをおそれて越境通勤者の家族に自由な選択権を認めることに消極的な加盟国があったため，このような条件が設けられた（Pennings, 2015a: 190）。

が，必ずしも明らかでない。このため，この区分については，個々のケースに応じた司法裁判所の判断が必要となっている。この問題の解決方法は，適用対象給付として介護給付を明記することである。しかし，調整規則883/2004においても，介護給付は対象給付として明示的に掲げられず，この問題に関しては特段の進展はみられなかった。

③ 失業給付

労働市場が加盟国の範囲を越えて広がっていくことにともない，国境を越えて稼得活動を行う者の失業給付に対する権利が重要な意味を持つようになってきている。これに対応して，新たな規則においては次のような改正が行われた。

規則1408/71が自営業者にまで適用された以降も，失業給付に関する規定（「給付の輸出」に関する規定を除く）は自営業者に適用されてこなかった[17]。このため，従来は，2つの加盟国で活動したことがある自営業者は，失業給付の申請を行う場合に両国での被保険者期間を通算することができなかった。これに対して，調整規則883/2004では，失業給付に関する第6章のすべての規定（第61条から第65条まで）が自営業者にも適用されることになった。

また，管轄給付主体等が管轄加盟国以外の加盟国で求職活動を行う者に対する失業給付の支給期間（3ヵ月）を6ヵ月にまで延長することが可能とされた。

④ 家族給付

複数の加盟国から家族給付が行われる可能性がある場合の優先順位に関する規定は従来の規則1408/71にも定められていた。調整規則883/2004においては，内容的には従来の規定が踏襲されたが，複数の

---

17) 加盟国によっては，被用者だけでなく自営業者も失業保険の対象とされている。

条文に分かれていた給付の優先順位に関する規定が第68条に集約され，家族給付の支給に関する加盟国間の責任分担が分かりやすく定められた。

このほか，調整規則883/2004においては，従来の規則1408/71に設けられていた家族給付と家族手当との区分が廃止され，付属書Iに掲げられた養育費の仮払いならびに出産手当および養子手当を除き，家族の支出に対応するすべての現物給付および現金給付を家族給付に含める改正が行われた（第1条z号）。

3. 評価

新たな規則である調整規則883/2004を制定するにあたっての重要な目的の一つは，規定の簡素化を図ることにあった。複雑なルールは，それを執行する機関のみならず，国境を越えて移動する者にとっても問題があることは明らかであり，その意味で簡素化の必要性は広く認められていた。もう一つの目的は，司法裁判所の判決ならびにEUレベルおよび各加盟国レベルの法令の変化に対応した規定の見直しを行うことにあった。

実際に制定された規則においても，社会保障制度の調整に適用される「平等取扱い」などの基本原則は維持され，いっそうの強化が図られた。また，「事実状況の同等取扱い」および「期間通算」の原則に関する規定については大幅な簡素化が行われた。

この二つの目的は必ずしも重なり合うものではないが，規定の簡素化を行うことが同時に変化に対応した規定の見直しにもつながることがある。このような例としては，規則の適用対象者の拡大をあげることができる。従来の規則では，その適用対象者として労働者，自営業者など対象となる者のグループが列挙されていたが，新たな規則ではすべてのEU市民とその家族および遺族が適用対象者とされた。これにより「労

働者」や「自営業者」の定義も必要でなくなり，規定の簡素化が図られた。それと同時に，適用対象者を経済的な活動を行わない者にまで拡大することにより，EU 市民権の導入という EU レベルの法令（欧州共同体設立条約）における変化に対応した見直しが行われたということができる。

このように，新たに制定された規則 883/2004 は，規定の簡素化の観点からは大きな成果をあげたと評価することができる。しかし，変化に対応した規定の見直しの観点からは，適用対象給付，適用法の決定および個別給付分野での調整にかかわるすべての問題が解決したわけではなく，次のような重要な問題の解決が今後の課題として残された。

(1) 適用対象給付

適用対象給付の範囲については，各国の社会保障制度の変化に対応した見直しを行おうとする欧州委員会の提案は受け入れられなかった。このため，新たな規則においても，その対象となる給付は従来どおり限定列挙された種類の給付にかかわり，かつ，法令にもとづくものに限られている。適用対象給付は法令にもとづく給付に限られるとの原則を維持した場合には，社会保障の民営化が進展することにともない，ますます多くの給付が法令にもとづかないものとなることにより，この規則の対象外となる事態が予想される。

また，これまでにない新たなタイプの給付が導入されることにより，この規則の対象とならない給付が拡大するという問題もある。たとえば，第 2 章 6.（1）で述べた Bosmann 事件の場合に，仮に奨学金がこの規則の対象となっていればドイツに居住する原告の子にもオランダの奨学金が「輸出」されるため，ドイツの児童手当の支給を認める以外の解決が可能であったと考えられる。また，介護給付は依然としてこの規則の適用対象給付として明示されておらず，加盟国が実施している様々な形態の介護給付がそれぞれこの規則の適用対象給付のいずれに該当する

のかは不明確なままとなっている。

したがって，国境を越えて移動する者が社会保障に関して不利にならないようにするためには，適用対象給付の範囲の見直しが急務といえる。適用対象給付に関する規定を全面的に改正することについて加盟国の合意を得ることは難しいとすれば，当面の対応として，たとえば，法令にもとづかない給付制度に対しては「平等取扱い」や「給付の輸出」の原則のだけを適用可能にするという部分的・段階的な解決策を講じることも考えられる。

(2) 適用法の決定

複数の加盟国で労働者または自営業者としての活動を行う者への適用法の決定に関しては，これらの者の居住加盟国の法令を適用するとしていた従来の規定の問題点を解決するための見直しが行われた。この結果，これらの者に対しては，労働者または自営業者としての活動の「本質的な部分」がいずれの国で行われているかに応じて適用法が決定されることになった。これにより，これらの者が居住加盟国でわずかの活動を行うことにより適用法の決定に影響を与えることができるという問題は解決されたが，その一方で，様々な活動についてどれが「本質的な部分」に該当するかを判断しなければならないという新しい課題を抱えることになった。

(3) 個別給付分野での調整

疾病給付に関しては，依然として患者の国境を越えた移動に対応した包括的な規定が欠如している。新たな規則においても，受給権者が管轄加盟国以外の加盟国で疾病給付（現物給付）を受けられるのは，その国に居住している場合（第17条），その国に一時的に滞在しており，医療上の緊急性がある場合（第19条）および治療を受けることを目的として管轄給付主体の事前承認を得て他の加盟国に行く場合（第20条）に

限られる。

　欧州連合運営条約第56条（従来の欧州共同体設立条約第49条）は「サービスの自由移動」について規定しており，国境を越えたサービスの提供および利用を制限することを禁じている。第4章で述べるように，司法裁判所は，Decker事件およびKohll事件の判決などにおいて，受給権者が治療を受けることを目的として他の加盟国に行った場合に，そこで受けた治療の費用の償還を事前承認を受けていないことなどを理由として保険者が拒否することは「サービスの自由移動」に抵触するとの判断を示した。

　しかし，新たな規則においても，このような司法裁判所の考え方は考慮に入れられなかった。一方，2011年には，司法裁判所の判決を踏まえて「国境を越える保健医療サービスにおける患者の権利の行使に関する指令（指令2011/24）」が制定され，国境を越える医療サービスの利用に関する費用償還のルールが定められた。この結果，新たな規則とこの指令とが並存する状態となった。

　失業給付に関しては，労働市場が加盟国の範囲を越えて広がっていることに対応して，失業者が他の加盟国で求職活動を行うことについての制約を取り除くことが重要な課題となっている。しかしながら，新たな規則においても，管轄給付主体等の判断により他の加盟国での求職活動の期間を6ヵ月にまで延長することは可能とされたものの，基本的には従来の規則に存在した問題点が解決されないままに引き継がれた。

◆コラム:「Bosmann」と「Bosman」
　「Bosmann」は,EU社会法の研究者には有名な名前である。しかし,それよりもはるかに有名なのは,発音は同じだが,つづりが少しだけ違う「Bosman」という名前である。1995年に司法裁判所から出されたBosman事件の判決は法学部の学生ならだれでも知っているといわれるほどである。この訴訟の原告であるJean-Marc Bosman氏はベルギー二部リーグのRFCリエージュ所属のプロサッカー選手だった。彼のチームは,高額の移籍料を要求することにより彼の移籍を阻止した。これに対して,彼はEU法にもとづく「労働者の自由移動」に反すると主張し,この争いは司法裁判所に持ち込まれた。Bosman氏の勝訴となったこの判決は,ヨーロッパのサッカー界の移籍ルールを変えた(この判決の内容については庄司(2007: 87)参照)。これにより,EU加盟国の国籍を有する選手は,契約期間満了後は移籍料なしでEU域内の他のクラブに移籍できることになった。
　この判決は多くのプロサッカー選手に移籍の自由をもたらした。一方,Bosman氏自身は勝訴したにもかかわらず,サッカー連盟との間で対立したことから選手としての新たな仕事を見つけることができない状況になってしまった。なんとも皮肉な結果である。

第4章　国境を越える医療

　EUにおいては,「人の自由移動」の促進を目的とする前述の調整規則883/2004に加え,「サービスの自由移動」を促進する目的で制定された「国境を越える保健医療サービスにおける患者の権利の行使に関する指令」（指令2011/24）により，国境を越える医療サービスの利用を拡大する方向での取組みが進められている。

　この章では，こうしたEUにおける取組みについて検討することにより，その影響と問題点を明らかにする。

1. 人の自由移動と疾病給付

　第2章でみたように，EUにおいては域内での労働者等の自由移動を確保する観点から，社会保障制度の調整が行われている。この調整ついて定める調整規則883/2004第17条以下は，疾病給付を対象に，どのようなケースでどのような条件を満たせば，ある加盟国で働いている者およびその家族が他の加盟国で給付を受けることができるのか，いずれの加盟国の給付主体が給付を行うことになるのかなどの調整のルールを定めている（図表4-1）。なお，この規則の対象は，あくまでも法令にもとづく給付であり，契約にもとづく民間医療保険の給付は調整の対象には含まれない[1]。

---

[1]　外国で受けた医療の費用について民間医療保険による償還が受けられるかどうかはそれぞれの保険契約の定めによる。

figure 4-1 他の加盟国での医療

区分		調整規則 883/2004		患者権利指令 2011/24	
		給付形態	事前承認	給付形態	事前承認
居住・一時的滞在の場合	外来・入院	現物給付	不要	適用対象外	
治療目的で行く場合	外来(通常の医療)	現物給付	必要	費用償還	不要
	外来(特殊な医療)	現物給付	必要	費用償還	必要
	入院	現物給付	必要	費用償還	必要

出典：Baumann（2011: 189）をもとに著者作成。

(1) 他の加盟国で居住している場合

　就労している加盟国とは別の加盟国で居住している者に対しては，原則として，就労している加盟国の法令が適用される（就労地法原則）[2]。したがって，「管轄の給付主体が所在する加盟国（管轄加盟国）」以外の加盟国で居住している者には，管轄加盟国の給付制度が適用される。つまり，ドイツで就労し，フランスに居住する者には，ドイツの医療保険に関する法律である社会法典第5編が適用される[3]。

　しかし，このような者およびその家族が病気になり，治療が必要となるのは，多くの場合，居住する加盟国（居住加盟国）においてである。このため，管轄加盟国とは異なる加盟国で居住している被保険者[4]およびその家族は，居住加盟国の給付主体から現物給付（外来・入院医療，薬剤の支給など）を受けることができるとされている（第17条）。この場合に行われる現物給付の範囲，種類および方法は居住加盟国の法令の定めるところによる[5]。このため，管轄加盟国で受けるよりも低い

---

2) ただし，ある加盟国で就労している者が，事業主により他の加盟国に派遣され，その国で当該事業主の責任の下で働く場合には，24ヵ月間に限り，引き続き前者の加盟国の法令が適用される。
3) 前掲注で述べたように，ドイツの事業主によりフランスに派遣された労働者にも引き続きドイツの法令が適用される。
4) 疾病給付が医療保険ではなくイギリスのように公的保健サービスとして行われる加盟国の場合は，給付受給要件を満たす者を指す。

水準の給付しか受けられない場合や，それとは逆に，管轄加盟国よりも低い自己負担で給付を受けられる場合がある[6]。現物給付に要した費用については，給付を行った給付主体の請求にもとづき管轄加盟国の管轄給付主体が負担する。

　管轄加盟国とは異なる加盟国に居住する被保険者およびその家族であっても，管轄加盟国に滞在する期間においては，それらの者が管轄加盟国に居住しているのと同様に，管轄加盟国の法令に従い管轄保険者からその費用負担による現物給付を受けることができる（第18条）。

　一方，現金給付の取扱いは現物給付の場合とは大きく異なっている。管轄加盟国とは異なる加盟国に居住する被保険者およびその家族に対しても，現金給付は管轄加盟国の給付主体により支給される（第21条）。たとえば，ドイツ医療保険の被保険者でありフランスに居住する者は，ドイツ社会法典第5編にもとづく傷病手当金をドイツの医療保険の保険者である疾病金庫から受けることができる。

(2)　他の加盟国に一時的に滞在する場合

　被保険者およびその家族は，管轄加盟国以外の加盟国に旅行などで一時的に滞在している間に急に病気になった場合にも，管轄加盟国とは異なる加盟国で居住する場合と同様に，滞在している加盟国で現物給付を受けることができる（第19条）。ただし，受けることができるのは，給付の種類や滞在予定期間を勘案して滞在中に行うことが医学的に必要な

5）　居住加盟国の法令の定めるところによるとされているのは，主として実務的な理由によるものである。もし，居住加盟国ではなく管轄加盟国の法令が適用されるとすれば，居住加盟国の給付主体はすべての加盟国（28ヵ国）の法令を適用しなければならなくなる可能性があり，きわめて複雑なものとなるからである（Pennings, 2015a: 189）。

6）　たとえば，ドイツの医療保険の被保険者でありフランスに居住する者がフランスで外来医科診療を受ける場合には，被保険者は費用の3割および1治療あたり1ユーロ（1日最高4ユーロ）の自己負担を行わなければならない。これに対して，その者がドイツで外来医科診療を受ける場合には，自己負担は1四半期当たり10ユーロとなる。

ものに限られる[7]。この場合にも，滞在加盟国の給付主体により，滞在加盟国の法令に従って現物給付が行われる。この給付に要した費用については，給付を受ける者が前払いする必要はなく，滞在加盟国で給付を行った給付主体から管轄給付主体に対して請求される。このような手続きを円滑に行うためにヨーロッパ医療保険カード（Europäische Krankenversicherungskarte）が発行されている[8]。このカードにより，ある人が特定の国内医療保障制度によってカバーされていることが容易に証明される。

司法裁判所は，Ioannidis 事件の判決（2003年）[9]において，滞在加盟国において現物給付が受けられるのは急病により治療が必要となったケースだけに限られるわけではないとの考え方を示している。それによれば，他の加盟国での一時的な滞在中の健康状態の変化により必要となった治療が，本人も自覚している慢性病のような既存の疾病との関連性を有しているとしても，滞在加盟国での給付が受けられないというわけではない。

(3) 治療を目的として他の加盟国に行く場合

このほかにも，被保険者およびその家族が治療を受けることを目的として他の加盟国に行くケースが考えられる。その理由としては，これらの者が他の加盟国においてより質の高い治療を受けられると考える場合や管轄加盟国で必要とする治療を受けるためには待機期間があることなどがあげられる。このような場合には，管轄給付主体の事前承認を得ることが必要とされている（第20条第1項）。この事前承認を受けること

---

[7] したがって，滞在期間が短く，その者の健康への危険がないと判断される場合には，滞在先での疾病給付は行われず，帰国後に医療を受けることになる可能性がある（Pennings 2015a: 199）。
[8] このカードには，所持者の名前，生年月日，個人番号，保険者の番号，カードの番号およびカードの有効期限が記載されている。
[9] EuGH, Rs. C-326/00（Ioannidis）, Slg. 2003, I-1703.

ができれば，この場合にも滞在加盟国の法令に従って現物給付が行われ，当該現物給付に要する費用は管轄給付主体により負担される。

調整規則883/2004第20条は事前承認が与えられなければならない状況について規定している。すなわち，当該治療が，その者の居住加盟国の法令に規定されている給付の範囲に含まれ，かつ，居住加盟国ではその者の現在の健康状態や予想される病状の推移に照らして医学的に是認できる期間内に実施されない場合には，管轄給付主体は事前承認を与えなければならない。それ以外の場合にも，管轄給付主体は事前承認を与えることができるが，これは調整規則883/2004にもとづく義務ではない（Pennings, 2015a: 200）。

2. サービスの自由移動と医療

(1) 司法裁判所の判決

前述のように，加盟国間での社会保障制度の調整について規定する調整規則883/2004第20条第1項によれば，治療を目的として他の加盟国に行き，管轄給付主体の費用負担により現物給付として医療を受けるためには，管轄給付主体による事前承認を得なければならない。調整規則883/2004の前身である規則1408/71第22条第1項にも同様の規定が設けられていた。これに対して，司法裁判所の一連の判決においては，このような事前承認を条件とすることがケースによっては欧州共同体設立条約（現在の欧州連合運営条約）が定める「サービスの自由移動」や「物の自由移動」に反するとの判断が示された。

① Kohll事件およびDecker事件

治療目的で他の加盟国に行き管轄給付主体の費用負担で医療を受けることに関して，事前承認を必要とすることが「サービスの自由移動」に

反するとした司法裁判所の判決の一つとして，Kohll事件の判決（1998年）[10] があげられる。この原告は，ルクセンブルクの国民で，同国の医療保険の被保険者である。原告は，娘にドイツの歯科医による治療を受けさせることについて疾病金庫の事前承認を申請した。しかし，この申請は疾病金庫により認められなかった。その理由は，その治療が急を要するものではなく，かつ，ルクセンブルクにおいても実施可能なものであったためである。

また，これと同様に事前承認を必要とすることが「物の自由移動」に反するとした司法裁判所の判決としてDecker事件の判決（1998年）[11] があげられる。この訴訟の原告もルクセンブルクの国民で，同国の医療保険の被保険者である。原告は，ルクセンブルクの眼科医による処方箋をもとにベルギーで購入したメガネの費用償還を加入している疾病金庫に求めたが，支払いを拒否された。その理由は，原告が疾病金庫による事前承認なしに外国でメガネを購入したことにある。

いずれの場合にも，疾病金庫の決定はルクセンブルクの医療保険法に沿ったものであった。同法によれば，外国での治療は，外国滞在中に必要となった緊急の治療の必要性に対応したものに限り認められる。これに対して，両原告は，この規定はそれぞれ「サービスの自由移動」および「物の自由移動」に対する正当化されない障害となっているとして，ルクセンブルクの裁判所に訴えた。これを受け，ルクセンブルクの裁判所は，司法裁判所に対して欧州共同体設立条約の「サービスの自由移動」および「物の自由移動」に関する条項の解釈についての決定（先決裁定）を求めたものである。

これに対して，司法裁判所はつぎのような判断を示した。

「どのような社会保障制度を構築するかは基本的に各加盟国の権限に

---

10) EuGH, Rs. C-158/96 (Kohll), Slg. 1998, I-1931.
11) EuGH, Rs. C-120/95 (Decker), Slg. 1998, I-1831.

属している。しかしながら，各加盟国は社会保障制度を構築するにあたって欧州共同体法を考慮に入れなければならない。社会保障に関するものであることだけで，欧州共同体法が定める基本的自由の適用が排除されるわけではない。つまり，各加盟国の保健医療制度は欧州共同体法が適用されない領域ではない。他の加盟国で行われる医療の費用償還に関して事前承認を必要条件とすることは基本的自由に反する。なぜならば，同じ治療を国内で受ける場合には事前承認を必要としないにもかかわらず，他の加盟国で受ける場合には事前承認を必要とすることは，加盟国をまたがる医療の実施を加盟国内での場合よりも難しくする効果を持っているからである。

　社会保障制度の財政的均衡に対する相当の危険は，基本的自由としての自由移動の制限を正当化する「公共の利益にもとづくやむをえない理由（zwingender Grund des Allgemeininteresses）」となりうるものである。しかし，原告が求めているのは他の加盟国で受けた給付の費用をルクセンブルクの料金表に従って償還することであるから，（Decker事件の場合には，メガネの費用については実際の価格にかかわりなく定額の償還が行われることから）事前承認なしに他の加盟国で医療を受けられることにより国内の社会保障制度の財政的均衡に相当の影響がおよぶと懸念されるわけではない。(Kohll事件においてルクセンブルク政府が主張した）医療の質の低下についての懸念も，医師等の資格についての加盟国間での相互承認が行われており，他の加盟国の医師等も同等の資質を有すると認められることから，事前承認を正当化する理由として認められない。したがって，前述のような事前承認を求めることは許されない。」

　この2つの判決に関して重要なことはつぎの二点である（Becker, 2009: 52）。一つは，多くの加盟国に支持されていた医療に対する基本的自由の適用除外が司法裁判所によって否定されたことである。すなわ

ち，司法裁判所は，医療サービスをその特殊性にかかわりなく経済的な活動にかかわる事柄であるとした。もう一つは，医療保険が負担しなければならない費用をコントロールするための事前承認の必要性が司法裁判所によって認められなかったことである。

② Smits および Peerbooms 事件

一方，Smits および Peerbooms 事件の判決（2001年）[12] では，入院医療に関してこれとは異なる判断が示された。原告 Smits は，オランダ医療保険の被保険者であり，ドイツの病院に入院してパーキンソン病の治療を受けた。しかしながら，保険者は，オランダの病院でも十分で適切な治療が受けられるとしてこの治療にかかる費用の償還を拒否した。原告 Peerbooms も，オランダ医療保険の被保険者であり，交通事故によりこん睡状態にあった。この原告は，オランダでは試験的にしか実施されておらず，かつ，対象年齢の制限が設けられている特殊な治療を受けるため，オーストリアの病院に転院した。この原告から出された費用償還の申請も，その治療が効果についての科学的な証明を欠いており医師の間で一般的と認められていない種類のものであるとして拒否された。

これに関して司法裁判所は他の加盟国での入院医療にかかる事前承認を支持するつぎのような判断を示した。

「社会保障の財政的な均衡が相当程度に脅かされるおそれは，「サービスの自由移動」を制限することを正当化する「公共の利益にもとづくやむをえない理由」になりうる。また，適切ですべての人がアクセス可能な医療供給を維持するという目的も，欧州共同体設立条約第56条が規定する「公衆衛生上の理由による例外」となりうるものである。

---

12) EuGH, Rs. C-157/99, (Smits und Peerbooms), Slg. 2001, I-5473.

病院内で行われる医療は，開業医により診療所でまたは患者の家庭を訪問して行われる医療とは明らかに異なる性格を有する。病院の数，地理的な配置，組織，施設および提供する医療の種類については計画することが可能でなければならないと一般的に認められている。このような計画は，一つには，その加盟国において質の高い入院医療への十分かつ継続的なアクセスを確保することを目的としており，もう一つには，費用をコントロールし，資源の浪費を防ぐことに役立つものである。この二つの観点から，他の加盟国での入院医療の費用償還に関して事前承認を求めることは必要かつ適切である。」

　その後も，多くの訴訟を通じて司法裁判所による判決が積み重ねられた[13]。この結果，司法裁判所の判決にもとづき，入院医療などの場合を除き，治療を受けるために他の加盟国に行く場合には，つぎのいずれかの方法により給付を受けることが可能となった。一つは，「社会保障制度の調整に関する規則」にもとづき，保険者の事前承認を得て現物給付として当該治療を受けることである。もう一つは，「サービスの自由移動」を根拠として当該治療に要する費用の費用償還を受けることである。しかし，実際には国境を越えた保健医療サービスの利用は低調にとどまっており[14]，つぎに述べるように保健医療サービスの自由移動を促進するための取組みが進められることになった。

---

[13]　たとえば，Watts事件の判決（EuGH, Rs. C-372/04 (Watts), Slg. 2006, I-4325）があげられる。その概要は原田（2013: 220）に紹介されている。また，その他の訴訟の概要が福田・福田（2009）で紹介されている。
[14]　外国で治療を受ける機会は，今のところきわめてわずかしか利用されていない。公的保健医療支出に占める外国での治療の割合は増加傾向にあるものの，EU全体では最大で1％程度，ドイツでは0.5％程度にすぎない。この原因は，何よりも，外国で治療を受けることにともなう言語，文化，法の面での障害が実施上の困難として存在することにあると考えられる（Schulte, 2012a: 73）。

(2) 国境を越える保健医療サービスにおける患者の権利の行使に関する指令（指令 2011/24）

① 制定経緯

「サービスの自由移動」に関する欧州共同体設立条約（現在の欧州連合運営条約）の規定は加盟国に直接適用可能なものである。しかし，実際には，この条約の規定だけでは加盟国に残されている「サービスの自由移動」に関する制限を撤廃することは困難であると考えられる。その理由は，司法裁判所の裁判手続きによる個々の案件ごとの処理は非常に複雑で手間がかかることに加え，多くの制限を撤廃することは国内規定間の調整および加盟国間の行政協力という方法によってのみ可能であることにある（Schulte, 2010c: 130）。

このような状況を背景として，2006年に「サービスの自由移動」のための法的枠組みを整備することなどを目的する「域内市場におけるサービスに関する指令」[15] が制定された。この指令はサービス全般を対象にしたものであるが，つぎのような経緯により，保健医療サービスはこの指令の適用対象外とされた。

2004年に欧州委員会から行われたこの指令の最初の提案では，前述の「サービスの自由移動」に関する司法裁判所の判決を踏まえた規定が設けられていた。しかしながら，この提案は，保健医療サービスの特殊性，特に，保健医療サービスが複雑であること，多くの人々にとって重要な意味を持つことおよび公的資金が高い割合で投入されていることが十分に考慮されていないことを理由として，欧州議会および理事会で拒否された（Schulte, 2012a: 75）。

このような状況のなかで，保健医療サービスに関しては，欧州委員会から2008年7月に改めて「国境を越える保健医療サービスにおける患者の権利の行使に関する指令案」[16] が提案された。欧州委員会は，保健

---

15) Richtlinie 2006/123/EG des Europäischen Parlaments und des Rates vom 12. Dezember 2006 über Dienstleistungen im Binnenmarkt.

医療サービスの国境を越える提供および利用に関する前述の司法裁判所の判決を踏まえ，この指令を制定することにより，保健医療サービスの提供および利用に関する権利の一般的かつ効率的な行使を保障しようとした。

　この指令案は，一部修正のうえ可決され，2011年4月に「国境を越える保健医療サービスにおける患者の権利の行使に関する指令（指令2011/24）」[17]（以下「患者権利指令2011/24」という）が施行された。提案から可決までにこれだけの期間を要した理由は，各加盟国と欧州委員会および欧州議会との立場の違いにより多くの点で対立がみられたことである。各加盟国は司法裁判所の判決で示された考え方を指令として定めようとしたのに対して，欧州委員会および欧州議会は患者のさらなる権利と医療に関する加盟国間での協力の包括的な調整に関する規定をこの指令に定めたいと考えていた（Baumann, 2011: 186）。この指令の定めは，2013年10月25日までに各加盟国の国内法により実施されなければならないこととされた[18]。

②　目的および内容

　患者権利指令2011/24の目的は，保健医療サービスに関しても域内市場を作り出すことならびにEU全体での医療水準を改善することにある。このため，この指令は，国境を越える治療に関する事前承認と費用償還の枠組み，質の高い，安全な治療の促進，ならびに加盟国間の密接な協力の推進について規定している。

16）　Vorschlag für eine Richtlinie des Europäischen Parlaments und des Rates über die Ausübung der Patientenrechte in der grenzüberschreitenden Gesundheitsversorgung, KOM（2008）414 endg.
17）　Richtlinie 2011/24/EU des Europäischen Parlaments und des Rates vom 9. März 2011 über die Ausübung der Patientenrechte in der grenzüberschreitenden Gesundheitsversorgung.
18）　たとえば，この指令のドイツ国内法での実施については，松本（2017: 216）を参照されたい。

この指令によれば，被保険者およびその家族が国境を越えて治療を受けることにより発生する費用については，当該治療が管轄加盟国の給付の対象範囲に属するものであるかぎりにおいて，管轄加盟国による費用償還が保障される（第7条第1項）。管轄加盟国は，患者に対して，患者の権利，それを行使するための手続き，費用償還のルールと条件などに関する情報を提供しなければならない。償還される費用の額は，管轄加盟国において当該治療を受けたとすれば負担される額を限度とする（同条第4項)[19]。それを超える費用（例：旅費，宿泊費，障害がある人への付添人の費用）までを負担するかどうかは，各加盟国に委ねられる。また，外国での治療を希望する被保険者は，国内でその給付を受けるために必要な条件を満たさなければならない[20]。

　この費用償還を受ける権利については，一定の制約を課すことが認められている（図表4-1）。すなわち，加盟国は事前承認の仕組みを設けることができる。たとえば，他の加盟国での入院医療あるいは費用のかかる特殊な医療施設・機器による治療については，加盟国は，質の高い医療供給への十分かつ継続的なアクセスを確保するためまたは費用を抑制するとともに資源の浪費をなくすために計画が必要である場合などには，事前承認を費用償還の条件とすることができる（第8条第2項)[21]。一方，他の加盟国で受けた通常の外来医療については，事前承認なしで費用償還を行わなければならない。加盟国は，事前承認を必要とするケースを定めた場合には欧州委員会に通知しなければならない。

　管轄加盟国は，つぎのような場合には事前承認を拒否することができる（第8条第6項）。すなわち，当該患者または人々が他の加盟国で当

---

19) 事務費などが控除される場合がある。
20) このような条件としては，たとえば，ドイツの場合では，入院する場合には開業医の指示が必要なことや医学的リハビリテーションを受けるためには疾病金庫への申請が必要なことがあげられる。
21) このほかに，特別のリスクをともなう治療の場合や医療の質または安全性に疑念のあるサービス供給者による治療の場合にも，事前承認を条件とすることが認められる。

該医療を受けることにより安全面での相当のリスクにさらされる可能性が高い場合，選択されたサービス供給者にサービスの質の基準の順守および患者の安全確保に関する深刻かつ特別な懸念を抱く理由がある場合，ならびに患者の現在の病状および予想される病状の推移を考慮して，相当する医療サービスを国内でも医学的に是認できる期間内に提供することが可能な場合である。各加盟国は，どのような医療サービスについて事前承認が必要かを公示しなければならない（第8条第7項）。

加盟国は，他の加盟国で治療を受けるための手続きおよび他の加盟国で受けた医療の費用の償還ための手続きを，必要かつ目的に応じて適切であり，客観的で，公平な基準にもとづくものとしなければならない（第9条）。他の加盟国での治療についての申請に対する決定には適切な期限が設けられ，承認が拒否される場合にはその理由が示される。

このほか，加盟国は相互にこの指令の実施に必要な協力，なかでも質と安全性に関する基準および指針の設定に関する協力，国境を越えた治療にともなう問題に関して患者を支援するために各国に設置される窓口間での情報交換などを推進することとされている（第10条第1項）。

また，欧州委員会は，特に希少疾病の分野において，医療供給者および専門センター間のネットワーク[22]の構築に関して加盟国を支援する（第12条第1項および第2項）とともに，特に希少疾病に関して，診断と治療の能力を強化するための加盟間での協力を支援することとされている（第13条）。

3. 調整規則883/2004と患者権利指令2011/24との関係

前述のように，治療を受ける目的で他の加盟国に行く者は，調整規則

---

[22] このネットワークの目的は，医学および医療技術のイノベーションを活用した高度に専門的な医療の実現に関する協力，疾病に固有の予防に関する知見の獲得と普及，特に専門知識の集中が必要で，かつ，専門家が少ない領域に属する健康問題を有する患者の診断および治療の改善などに貢献することにある。

883/2004にもとづき滞在加盟国において疾病給付を受けることも，患者権利指令2011/24にもとづき他の加盟国で受けた医療に係る費用の償還を受けることも可能である（図表4-1）。このため，規則と指令がどのような関係に立つのかが問題となる。

　調整規則883/2004の目的は，社会保障制度の調整を行うことによりEU市民の域内での自由移動を促進することにある。この規則により，管轄保険者の事前承認を得て，治療を目的として他の加盟国に行くEU市民は，その国の国民と同等に取り扱われ，その国のルールにもとづく現物給付として医療を受けることができる。これにより，このようなEU市民はいわば滞在加盟国の社会保障制度に統合（インテグレート）されることになる。この場合に，管轄給付主体の事前承認が必要される根拠は，滞在加盟国で行われた給付の費用を管轄給付主体が負担しなければならないことにある（Kaeding, 2015: 460）。

　一方，患者権利指令2011/24は，「サービスの自由移動」，すなわち国境を越える自由なサービスの提供および利用を確保することを目的としており，異なる社会保障制度の調整を行うことやEU市民を他の加盟国の社会保障制度に統合することを目的とするものではない。したがって，同指令は，治療を目的として他の加盟国に行くEU市民を滞在加盟国の国民と同等に取扱うことや，管轄給付主体が滞在加盟国の規定により算定された費用の額を償還することを義務づけるものではない。管轄給付主体による事前承認が必要な場合は，入院医療を受ける場合などに限定されている。他の加盟国での入院医療にかかる費用の償還は，医療制度を維持するという公共の利益のために，すなわち入院医療の計画可能性および効率的な財源投入のために事前承認による制限を行うことが可能とされている。

　調整規則883/2004と患者権利指令2011/24は上下関係ではなく並列する関係にある。このことは，患者権利指令2011/24第2条が，同指令が調整規則883/2004に影響を及ぼさないことを明記していることから

も明らかである。したがって，同指令の制定後も，被保険者およびその家族は，調整規則883/2004にもとづき，治療を受けることを目的として他の加盟国に行き，管轄給付主体の費用負担によりその国の被保険者と同様に医療を受けることが引き続き可能である。だだし，この場合には入院だけでなく外来での医療についても管轄給付主体による事前承認を受けることが条件となる。

一方，指令2011/24にもとづけば，被保険者およびその家族は，入院医療等の場合を除き，事前承認なしに治療を受けるために他の加盟国に行くことができる。ただし，この場合には治療を受けた者が，いったんその費用を負担し，その後に管轄給付主体から費用の償還を受けることになる。償還額は，最大でも国内で受けたとすれば負担される金額に過ぎない。このため，場合によっては他の加盟国での治療に要した費用のために少なからぬ自己負担が生じるおそれがある（Hernekamp, Jäger-Lindemann, 2011: 406）。

なお，被保険者が患者権利指令2011/24第8条第1項にもとづく事前承認を申請した場合であっても，その者が調整規則883/2004第20条第1項にもとづく事前承認の要件を満たすときは，当該被保険者が患者権利指令2011/24の適用を希望しないかぎり，調整規則883/2004にもとづく事前承認が行われる（患者権利指令2011/24第8条第3項）[23]。

4. 事前承認の条件

(1) Petru事件の判決

司法裁判所によるPetru事件の判決（2014年）[24]においては，規則

---

[23] 被保険者が指令の適用を希望するケースとしては，診療報酬・料金の水準が治療を受ける加盟国よりも管轄加盟国でのほうが高い場合，治療を受ける加盟国において免責額が設けられているような場合などがあげられる（Brunner, Wieninger, 2014: 528）。

1408/71第22条第2項（現在の調整規則883/2004第20条第2項）が定める事前承認の条件について，同裁判所の判断が示された。この訴訟の原告は，ルーマニア人の女性で心臓手術が必要な者であった。原告は，ルーマニアで入院した病院の状態は，医薬品や医療用品が不足するなど装備の面でそのような手術を受けるには難があると考え，2009年3月にドイツの病院で手術を受けることを加入する疾病金庫に申請した。しかし，当該疾病金庫は，基礎的な給付であるそのような治療がルーマニアの病院では適切な期間内に行えないとはいえないとして，この申請を認めなかった。それにもかかわらず，原告はドイツの病院で手術を受けた。原告は，その費用である1万7714ユーロを当該疾病金庫が償還することを求めて民事裁判所に訴訟を提起した。

　第一審は訴えを棄却した。しかし，第二審は，規則1408/71第22条の解釈にかかわる問題であるとして，専門家と専門知識は存在するので手術を実施することは可能ではあるが，基礎的な医療用品が不足している状態は，居住加盟国ではその給付が実施できないことと同等であるかどうかについて司法裁判所の判断（先決裁定）を求めた。

　司法裁判所はそれまでの判決において事前承認の条件に関してつぎのような考え方を示している。居住加盟国では治療を受ける加盟国と同じまたは同等の効果を持つ治療が適時に受けられないときは，事前承認を拒否することは許されない。同等の効果を持つ治療が居住加盟国で適時に受けられるかどうかの判断に当たって，管轄給付主体は個別のケースにかかわるすべての事情を考慮しなければならない。

　司法裁判所は，Petru事件においてもこの考え方を維持し，つぎのような判断を示した。

「管轄給付主体が判断すべきすべての事情には，医薬品や基礎的な医

24）　EuGH, Urteil vom 9.10.2014, Rs. C-268/13（Petru）．

療用品が不足していることも含まれる。つまり，特定の疾病給付が適時に行えない理由が何であるかによってこの判断に違いは生じない。ただし，同等の効果を持つ治療が適時に受けられるどうかの判断は，居住加盟国の病院全体について行われなければならない。原告が入院していた病院以外のルーマニアの病院で適時に同等の効果を持つ治療を行うことができたかどうかはルーマニアの裁判所が取り扱うべき問題である。」

(2) 法務官意見

　司法裁判所の構成員である法務官（アボカジェネラル）は，関与を必要とする事件において，司法裁判所の任務を補佐するため，完全に公平かつ独立の立場から判決の前段階で理由を付した意見を公に提示する。法務官の意見は司法裁判所を拘束しないが，高い権威と事実上の影響力を有し，司法裁判所の判決の中で引用されることもある（庄司，2013: 132）。しかし，Petru 事件に関する司法裁判所の判決は担当法務官の見解[25]とは大きく異なるものであった。これはあまり見られないケースのひとつである（Bieback, 2015: 55）。この事件に関する担当法務官の意見の概要はつぎのとおりであった。

　「他の加盟国に行き治療を受けることについて管轄保険者からの事前承認が得られるかどうかを判断するためには，居住加盟国の医療供給に個別的問題があるのか，それとも，制度的問題があるのかを区分する必要がある。その程度が当該加盟国全体におよび，かつ，一時的でない制度的問題が存在する場合には，事前承認は，これによって当該加盟国の給付制度が機能することが脅かされないかぎりにおいて認めるべきである。」

---

[25]　Schlussanträge des Generalanwalts Villalon vom 19.6.2014, Rs. C-268/13.

これは，司法裁判所が発展させてきた「サービスの自由移動」の例外の考え方を援用することにより，国民が他の加盟国で医療を受けることにより当該加盟国の医療制度の安定が損なわれるおそれがある場合には，事前承認を与えないことができるとするものである。
　その背景にはつぎのような問題が存在するものと考えられる。当該加盟国全体に及ぶ制度的な問題があることにより同等の医療が適時に行われない場合にも事前承認を与えることになれば，数多くの国民が，医療水準が高いと考えられる他の加盟国で医療を受けることになる。そうなれば，当該加盟国は，他の加盟国でのより高い治療費用を負担しなければならなくなることにより財政的な問題に直面するだけでなく，自国の医療供給体制を計画的に整備することも困難となる。
　しかし，司法裁判所は，「サービスの自由移動」と「人の自由移動」という患者権利指令 2011/24 および調整規則 883/2004 の目的の違いを重視していることから，「サービスの自由移動」に関する例外の考え方を規則 1408/71（現在の調整規則 883/2004）にも援用しようとする担当法務官の意見を受け入れなかった。

5. 考察

　以上みたように，EU においては，国境を越える医療サービスの利用を拡大する方向での取組みが進められている。一方，リーマン・ショックによる経済危機以降，財政問題を抱える加盟国では医療供給に関する問題が生じている。
　こうした状況のもとで出された前記法務官の見解には，各加盟国の医療制度を適切に維持するために，国境を越える患者の移動に制約を加えるべきかどうかという重要な問題提起が含まれているということができる。現在のところ，EU 域内においても国境を越える大規模な患者の移動が生じているわけではない。しかし，加盟国間で医療水準の格差が拡

大することにより患者の移動が増加する可能性があることから、これは単に理論的な問題提起にとどまるものではない。

　国境を越える患者の移動が容易になることは、多くのメリットをもたらすものと考えられる。患者にとってはより良い医療サービスを選択することができる機会が拡大するというポジティブな効果が期待される。また、国境を越える患者の移動は、他の加盟国からの患者の獲得をめぐる競争が起こることにより、各加盟国および医療機関に対して、医療制度の改善および医療の質の向上に取り組むことを促す効果を持つものと考えられる。なぜならば、患者は、自分の病気の治療のために質の高い医療が受けられると考えられる加盟国の医療機関で医療を受けようとするからである。さらに、各加盟国は、たとえば、重篤な希少疾病の治療施設を自国で整備することや、自国の医療供給能力の拡大を行うことの代わりに、他の加盟国で自国民がそれに相当する医療を受ける場合の費用を負担することを選択することが可能となる。

　しかし一方では、国境を越える患者の移動に対する批判的な見方が存在する。その背景には、加盟国の医療制度をめぐるつぎのような現状と懸念がある。2014年にEUの理事会で採択された「経済危機と医療供給に関する帰結」[26]によれば、経済危機以降、多くの加盟国では保健医療のための公的支出が減少している。また、多くの加盟国ではすべての人のアクセスを保障する普遍的な医療制度が存在するにもかかわらず、現実には、多くの人が必要な医療へのアクセスに問題を抱えており、費用、距離および待機リストのために必要な医療を受けられないとする人の割合が相当に上昇した。

　特に、経済危機以降において財政的な困難に直面している東欧の加盟国では、調整規則883/2004の規定にもとづき、自国の被保険者がドイツなどの西欧の加盟国で治療を受けた場合に、治療を受けた国のルール

---

26) Schlussfolgerung des Rates über Wirtschaftskrisen und Gesundheitsversorgung, 2014/C 217/02, S. 4.

に従って算定される高額な医療費を負担しなければならないことが問題視されている。これらの加盟国が自国において十分な医療提供体制を構築するためには，国内の医療需要に応じた計画を立てることやそのために必要な資金を確保することが必要となる。しかし，多くの国民が自国で医療を受けるかわりに他の加盟国に行き医療を受け，その費用を国内の制度により負担しなければならなくなれば，そのような国は適切な医療提供体制を構築し維持することができなくなるおそれがある。

だからといって，国境を越える患者の移動に強い制限を加えることは必ずしも問題の解決にはつながらない。むしろ，そのような制限は，特に医療水準が低い加盟国においては国民の間に二極分化をもたらす可能性がある。なぜならば，治療を目的として他の加盟国に行くことについての事前承認の条件が厳しくなり，管轄給付主体の費用負担による治療が受けられなくなったとしても，富裕層に属する人々は自己の費用負担により医療水準の高い加盟国で治療を受けることが可能であるからである。しかし，それ以外の者は，自分で費用を負担してそのような費用のかかる治療を受けることは困難である。

現在の制度においても，治療のために他の加盟国に行く場合には管轄給付主体による事前承認を受けることが必要とされるなど，国境を越える患者の移動をコントロールするための手段が用意されている。しかし，事前承認の条件である「同じまたは同等の効果を有する治療が受けられない」との判断が具体的にいかなる基準にもとづきなされるべきかについては，Petru事件の判決が出されたあとも必ずしも明確にはなっていない。

したがって，患者がより良い医療を選択できる機会を確保することと，各加盟国においてすべての人が必要な医療にアクセスできる体制を整備することとの両立を図るため，国境を越える患者の移動を適切にコントロールできる仕組みを構築していくことが今後の重要な課題になると考えられる。

6. 補論：国境を越える医療従事者の移動

　医療の分野では他の加盟国での医療サービスの利用，いいかえれば国境を越える患者の移動だけでなく，国境を越える医療従事者の移動がみられる。医師等の医療従事者の場合にはその職業に従事するために一定の資格（職業資格）が必要となる。したがって，国境を越えて移動する医療従事者にとっては，他の加盟国でもその職業資格が有効かどうかは重要な意味をもつ。

　そこで，以下においては，EUにおいて実施されている職業資格の加盟国間での相互承認の制度について検討する。

(1) 職業資格の承認に関するEU指令

　第1章でみたように，「労働者の自由移動」は従属的な就労を行う者の自由移動を保障し，「開業の自由」は自営業を行う者の自由移動および事業体の立地選択の自由を保障する。したがって，医療分野で就労する者のうち，病院などに雇用され勤務する医師，看護師などの自由移動は前者によって，自ら開業して診療，看護などに従事する医師，看護師などの自由移動は後者によって保障されている。

　医師や看護師のように一定の資格が必要とされる職業の場合，母国で取得した資格が就労しようとする国で認められなければ，その国で実際に医師や看護師として活動することはできない。このため，労働者や自営業者の自由移動を実質的に保障するうえで，ある加盟国で取得した職業資格が他の加盟国でも有効であるかどうかは重要な意味を持っている。

　欧州連合運営条約第53条第1項（前身の欧州共同体設立条約第47条第1項）は，欧州議会および理事会がディプロム，試験合格証明書，その他の資格証明書の相互承認に関する指令（相互承認指令）を制定する

ものと定めている。この規定を受け，建築士，医師など多くの職業分野に関して相互承認指令が定められた。しかし，職業分野ごとに定められた相互承認指令のほとんどすべては，2005年12月に制定された「職業資格の承認に関する指令（指令2005/36）」[27]（以下「職業資格指令2005/36」という）に置き換えられた。職業資格指令2005/36は，EUとして職業分野を越えた職業資格の承認について初めて定めたものであり，ある加盟国で職業資格を取得した者に対して，他の加盟国においてその国の国民と同じ条件で同じ職業に就き，職業活動を行う保証を与えている。

職業資格指令2005/36は職業資格の相互承認に関して，つぎの3つの区分に応じた方法を定めている。

a) その養成教育に関してEUレベルでの統一された最低基準が適用される職業

b) 別表Ⅳに掲げる手工業，商業などに関する職業

c) 前記a）およびb）のいずれの区分にも属さない職業

医療従事者である医師，歯科医師，薬剤師および看護師の職業資格はa) に該当し，これらの職業資格については，EUレベルで統一された最低基準を満たす養成教育の修了証明書が他の加盟国によって自動的に承認される仕組みがとられている。具体的には，これらの職業資格に関しては，同指令が定める養成教育に関する最低基準を満たし，かつ，当該職業を行うことを認める同指令別表Ⅴに掲げる養成教育修了証明書[28]に対しては，他の加盟国で当該職業活動を行うに当たって，当該他の加盟国で交付された養成教育修了証明書と同じ効力が与えられる[29]。したがって，他の加盟国の所管当局は，このような養成教育修

---

27) Richtlinie 2005/36/EG des Europäischen Parlaments und des Rates vom 7. September 2005 über die Anerkennung von Berufsqualifikationen.

28) 同指令別表Ⅴにおいて，加盟国ごとに定められた期日以降に交付された養成教育修了証明書は，通常の場合，当該養成教育が同指令の定める最低基準を満たしていることを証明する。

了証明書を有する者について，その者が受けた養成教育の内容を改めて審査すること，また，そのために修了した養成教育の内容に関する詳細な情報提供を求めることが許されない（Europäische Kommission, 2005: 31）。

　この指令に従って，たとえば，ドイツにおける医師免許などについて規定する法律である連邦医師法30) 第3条第1項は，前記指令別表Vの5.1.1.に掲げる他の加盟国の医師に関する養成教育証明書を提示した者は，医師免許を与える条件の一つである「ドイツの大学で6年以上の医学教育を受け，医師試験に合格したこと」を満たす者とみなしている31)。

　しかし，ドイツにおいて医師が公的医療保険による診療を行うためには，ドイツの医師免許を有するだけでは不十分であり，保険医としての認可を受けなければならない。もちろん，保険医としての認可を受けるためには，申請者が医師免許を有することが前提条件であるが，さらに，それぞれの専門領域に応じた卒後教育を修了していることが必要となる。また，保険歯科医の認可を受けるためには，歯科医師免許を有することのほかに，2年間の準備期間（Vorbereitungszeit）32) を経過していることが必要となる。

　トルコの大学で歯科医師の養成教育を受け，ベルギーにおいて歯科医師にかかる同等の養成教育証明書を有するものと認められ，8年間にわ

29）　他の加盟国での資格取得者の資格を承認し，受け入れる加盟国は，その者に対して自国において当該職業を行うために必要な語学力を求めることができる。ただし，この要求は，当該職業の種類に応じて客観的に必要な語学力の限度を超えてはならないとされている。
30）　Bundesärzteordnung in der Fassung der Bekanntmachung vom 16. April 1987, BGBl. I S. 1218.
31）　その他の条件としては，医師としての職業遂行に関して，体面を汚しまたは信頼を損ねる罪を犯したことがないこと，職業遂行に不適切な健康状態にないこと，および職業遂行に必要なドイツ語に関する知識を有することが定められている。
32）　準備期間として認められるのは，保険歯科医のアシスタントあるいは代理としての業務，病院などで勤務医としての業務に従事した期間である。

たり歯科医師としての仕事に従事してきたイタリア人が，2年間の準備期間を満たさないとしてドイツの保険歯科医としての認可を拒否した保険歯科医協会と争ったSalomone Haim事件[33]の判決（1994年）において，司法裁判所はつぎのような判断を示した。

「保険歯科医の認可の際に2年間の準備期間を求めることは相互承認指令に反しない。ただし，準備期間を満たすかどうかの審査に当たっては，他の加盟国で歯科医として積んだ経験などが考慮されなければならない。」

このように，ある加盟国で職業資格を取得して，他の加盟国で職業活動を行う者に対して，当該他の加盟国で資格を取得した者にも適用される職業遂行上のさらなる条件を定めることは認められる。ただし，それが客観的に正当化されるものであり，かつ，必要性に応じた適度なものである場合に限られる。

(2) 承認の実態

職業資格指令2005/36にもとづく承認の事務は各加盟国において行われている。以下においては，その例として，歴史的に関係の深い東欧の加盟国から多くの人が移動してくるオーストリアの連邦保健省（Bundesministerium für Gesundheit, 以下この章においては，単に「連邦保健省」という）でのヒアリング調査および文献調査をもとに，他の加盟国で取得した看護師資格の承認手続きについて概説する。

連邦保健省が担当しているのは他の加盟国で取得した看護師資格の承認である。それ以外の国で取得した看護師資格の承認は各州の担当となっている[34]。他の加盟国で看護師資格を取得した者はつぎの3つのグ

---

33) EuGH, Rs. C-319/92 (Salomone Haim), Slg. 1994, I-425.

ループに区分される。

a) 職業資格指令 2005/36 第 31 条が定める最低基準[35]に適合する養成教育を修了して看護師資格を取得した者

b) 職業資格指令 2005/36 第 31 条が定める最低基準に適合しない養成教育を修了して看護師資格を取得した者であって，加盟国で過去 5 年間において最低 3 年間の看護師としての実務経験を有する者

c) 前二者に該当しない者

たとえば，資格を取得した国がドイツの場合には，a）に該当するのは 1979 年 6 月 29 日以降に養成教育を終了し看護師（Gesundheits- und Krankenpfleger/-in）の資格を取得した者である。また，b）に該当するのは 1979 年 6 月 29 日より前に養成教育を修了し看護師資格を取得した者であって，過去 5 年間において最低 3 年間の看護師としての実務経験を有する者である。a）に該当する資格の証明書，授与者および名称ならびに対象となる日付は，職業資格指令 2005/36 において国ごとに定められている。この日付は，EU が定める最低基準に適合した養成教育が義務づけられた日であり，それ以降に EU に加盟した国に対してはそれに代わって EU への加盟日が用いられている。a）または b）に該当する者に対しては，職業資格指令 2005/36 にもとづく自動承認が行われ，承認を受けようとする者が修了した養成教育の内容についての審査は行われない。

オーストリアにおいては，a）または b）に該当する者に対して One-Stop 手続きが適用されている。One-Stop 手続きの適用は職業資格指令 2005/36 により義務づけられたものではなく，オーストリア独自の取組

---

34) この承認事務をいずれの機関が行うかは，それぞれの加盟国が決定できる。オーストリアの場合には資格の種類などによって担当機関が異なっている。たとえば，医師の場合には，連邦や州の行政機関ではなく，連邦医師会及び州医師会が担当している。

35) 職業資格指令 2005/36 第 31 条が定める看護師養成教育の最低基準については，松本（2011: 31）を参照されたい。

みとして行われている。この場合には，月曜日の8時30分から11時30分までの間に250ユーロを添えて必要書類を提出すれば，1時間以内に承認が出ることになっている。a）に該当する者のOne-Stop手続きのために必要な書類としては，自分で署名した申請書，住所の証明，看護師国家試験の証明書，看護師免許，養成教育が職業資格指令2005/36に適合することについての母国の保健省が出した確認書[36]，パスポート，母国の警察が出した無犯罪証明書，診断書および必要な語学力に関する証明書があげられる。

なお，看護師資格の場合には，申請に関してオーストリアの公用語であるドイツ語でのコミュニケーションができる程度の語学力があればよいとされており，医学的な専門用語の理解が可能かどうかまでは資格の承認申請に際しては問われない。むしろ，どの程度の語学力を求めるかは，その者が勤務する職場の状況等に応じて事業主が判断すべき問題と考えられている[37]。この点については，医師の場合と大きく異なっている[38]。

c）に該当する者に対しては，修了した養成教育などに関して内容審査が行われる。このため，承認申請には，養成教育のカリキュラム，卒後・継続教育に関する証明書，実務経験に関する証明書をあわせて提出することが求められる。連邦保健省内の専門家による審査の結果，養成

---

[36] この母国の保健省が出した確認書の添付は，母国がドイツなどの既加盟国の場合には看護師免許があれば不要とされている。既加盟国の場合にはお互いの状況はよくわかっていることを理由として，このような取扱いが行われている（2012年11月20日に連邦保健省において実施したヒアリング調査の結果による）。このように，職業資格指令2005/36で定められている提出書類は申請者に対して求めることができる書類であり，必要がなければ省略することが可能である。

[37] 2012年11月20日に連邦保健省において実施したヒアリング調査の結果による。

[38] 2012年11月26日にオーストリア医師会（Österreichische Ärztekammer）において実施したヒアリング調査の結果によれば，医師の場合には，ゲーテ・インスティテュート（Goethe Institut）などによるドイツ語試験の合格書を提出するか，語学試験を受けることが求められる。また，患者との意思疎通など医師としての業務の遂行に必要なレベルが求められており，医学的な専門用語もドイツ語で理解できることが必要であるとされている。

教育の内容に不足があると判断される場合には，オーストリアの看護師養成校において，不足部分に関する試験を受け，合格しなければならない。この場合に，授業を受けることは条件とされていないので，自分で必要な勉強をして試験を受験することができる[39]。

　One-Stop 手続きは，他の加盟国からの看護師の流入拡大に対応して，増加する手続きを効率化する観点から導入された。申請者の半数は，まだオーストリアに居住していない者であり，特に国外からの申請者には One-Stop 手続きのメリットが大きいといえる。

　他の加盟国で取得した看護師資格をオーストリアにおいて承認した件数は，近年増加を続けており，2007 年には 550 件であったものが，2011 年では 640 件を上回っている。このうち，One-Stop 手続きが適用された申請の割合は 62% に上っている。これに看護助手などとして承認した件数を足した総承認件数 892 件のうち，承認を受けた者の母国が 2004 年に EU に新規加盟した 10 ヵ国である件数の割合は 59% と最も大きく，ついで既加盟 15 ヵ国である件数の割合が 33% となっている[40]。

(3) まとめ

　医療従事者が他の加盟国で就労するために重要な意味を持つ職業資格については，EU 指令により相互承認の制度が設けられ，特に指令で定める養成教育を終了した場合には内容審査をともなわない自動承認が行われるなど，相互承認の円滑な実施のために各加盟国に適用される統一的な制度が整備されている。実際に，この制度を活用し，ある加盟国で取得した医師，看護師等の資格について他の加盟国での承認を受け，当

---

39) これに対して，各州が担当している加盟国以外の国で取得とした看護師資格の承認手続きの場合には，資格取得のために受けた養成教育に不足があるときは，オーストリアの看護師養成校で授業を受けたうえで試験に合格することが条件となっている。
40) 他の加盟国で取得した看護師資格の承認に関するこれらのデータは，いずれも 2012 年 11 月 20 日に実施したヒアリング調査の際に入手した連邦保健省資料による。

該他の加盟国で医療に従事する者も相当数に上っている。

　この制度自体はEU指令にもとづき定められたものではあるが，実際の運用には加盟国や対象となる資格による違いも見られる。たとえば，オーストリアにおける看護師資格の承認手続きでは，独自にOne-Stop手続きが設けられ，実際にも大きな割合でこれが利用されるなど，指令が定めた枠組みの中で迅速かつ円滑な承認を行うことへのいっそうの配慮が行われていることがわかる。また，必要とする語学のレベルについても柔軟な考え方が取られている。これらは，オーストリアが専門資格を持った看護職の確保を図りたいという政策的な意図を有することを反映したものと考えられる。つまり，この制度の枠組みはEU指令により統一的に定められてはいるものの，実際の運用には加盟国の考えが反映されている。

第5章　現金給付に関する調整——Petroni 原則

　第2章でみたように，現役時代に複数の加盟国で就労したことがある労働者は，老後において複数の加盟国から老齢年金を受けられる可能性がある。この場合に各加盟国から支給される年金の額は調整規則883/2004に定めるルールに沿って算定されるが，その結果，一人の労働者が受け取れる老齢年金の総額が，現役時代の勤労収入を上回るほどに大きくなる可能性がある。また，児童手当等の給付についても，就労加盟国のほかに居住加盟国などの国内法にもとづく受給が可能な場合がある。このように，給付の額が高くなりすぎたり，給付が重複して行われたりする場合に対応して，調整規則883/2004には一定のルールが設けられている。

　この章では，このようなルールにもとづき行われる調整と各加盟国の国内法にもとづく給付受給権との関係について考察する。

1.　重複給付の調整

(1)　複数の加盟国からの老齢年金

　現役時代に複数の加盟国で就労したことがある労働者が年金支給開始年齢に達した場合には，それぞれの加盟国における被保険者期間等に応じた複数の年金給付を受け取ることができる。調整規則883/2004第52条はこのような場合に各加盟国から支給される老齢給付（老齢年金）の額の算定について規定している。

それによれば，それぞれの加盟国の管轄給付主体は，独立給付の額と案分比例給付の額を算定することとされている。独立給付の額は，他の加盟国での被保険者期間等との通算を行わなくても当該加盟国の法令のみによって給付受給要件が満たされる場合に，当該加盟国の法令のみにもとづき算定される額である。

　一方，案分比例給付の額の算定は，理論額の算定と現実額の算定の2段階で行われる。理論額は，複数の加盟国で経過した当該受給者のすべての被保険者期間等が当該加盟国で経過したと仮定した場合に得られる額である。また，現実額は，理論額に，通算した被保険者期間等に対する当該加盟国での被保険者期間等の割合を乗じることにより算定される額である。

　そのうえで，それぞれの加盟国について，算定された独立給付の額と案分比例給付の額を比較して，より高額の給付が支給されることになる[1]。受給者は，このようにして算定された加盟国ごとの支給額の合計額を受け取ることになる。

　調整規則883/2004の前身である規則1408/71には，かつて，このようにして定められた各加盟国からの給付の合計額の上限額に関する規定（規則1408/71第46条第3項）が定められていた。それによれば，理論額のうち最も高い値が，受け取ることができる給付の合計額の上限額とされた。これによって，労働者が複数の加盟国の間を移動することにより，いずれかの国にとどまる場合よりも有利な年金を受け取れるようになることが防止された。各加盟国からの給付の合計額が上限額を超える場合には，独立給付の算定を行った加盟国の給付主体が上記により算定された支給額を一定の割合で減額することにより，調整が行われた。

---

[1] このようにして算定される独立給付の額と案分比例給付の額に差が生じる原因としては，年金支給額に一定の上限額が定められていること，保険料が納付されなかった期間も年金額の算定にあたって考慮されること，全期間を通じて得ていた所得の平均額ではなく，受給直前に得ていた所得に応じて年金額が算定されることなどがある（Eichenhofer, 2015: 145）。

しかし，このルールは，つぎに述べるように，1975年に司法裁判所から出されたPetroni事件の判決[2]により変更を強いられることになった。

(2) Petroni 事件

Petroni事件の判決は，その後の「社会保障制度の調整に関する規則」にもとづく調整に大きな影響を与えることになったものであるので，以下において詳しくみていくこととする。

この訴訟では，規則1408/71第46条第3項が規定する上限額にもとづく給付額の調整が争点となった。原告の夫は，イタリア人の男性で，かつて，ベルギーで17年間，イタリアで7年間就労していた。この男性は，ベルギーにおいては，イタリアでの被保険者期間を通算しなくてもベルギーの法令のみによって受給要件を満たし，イタリアにおいては，ベルギーでの被保険者期間を通算することによって受給要件を満たすことができた。

ベルギーの法令のみにもとづき算定された彼の老齢年金の額，すなわち独立給付の額は年3万4358ベルギーフランであった（図表5-1）。また，案分比例給付の理論額は年4万5812ベルギーフラン，現実額は年3万2450ベルギーフランであった。このように独立給付の額が案分比例給付の現実額を上回っていたため，彼がベルギーから受給できる老齢年金の額は独立給付の額に相当する年3万4358ベルギーフラン（リラに換算すると44万5623リラ）であった。

一方，イタリアの老齢年金について算定された案分比例給付の理論額および現実額は，それぞれ46万5920リラおよび25万1420リラであった。したがって，彼がイタリアから受給できる老齢年金の額は，25万1420リラであった。

---

2) EuGH, Rs. 24/75 (Petroni), Slg. 1975, 1149.

図表 5-1　Peteroni 事件に係る年金額

	ベルギーの年金		イタリアの年金
表示通貨	ベルギーフラン	リラ	リラ
独立給付	34,358	445,623	—
案分比例給付			
理論額	45,812	594,181	465,920
現実額	32,450		251,420

出典：著者作成。

　このため，彼が両国から受給できる老齢年金の合計額は69万7043リラ（44万5623リラ＋25万1420リラ）となった。この合計額は，両国での理論額の高いほうの額であるベルギーの理論額59万4181リラ（＝4万5812ベルギーフラン）を10万2862リラ（7931ベルギーフラン）だけ超えている。このため，ベルギーの給付主体は原告に対して支給する老齢年金の額を3万4358ベルギーフランから2万6427ベルギーフランに減額した。

　この減額に対して，原告は，夫のベルギーの年金に対する受給権は彼のイタリアでの被保険者期間とは無関係に成立したものであり，ベルギーの年金を減額したことは違法であり，その根拠とされた規則1408/71第46条第3項の規定は，欧州経済共同体設立条約第51条に抵触すると主張した。

　これに対して，司法裁判所はつぎのような判断を示した。

　「「社会保障制度の調整に関する規則」の基礎，枠組みおよび範囲は，欧州経済共同体設立条約第48条から第51条まで（現在の欧州連合運営条約第45条から第48条まで）が定めるところによる。もし，労働者が自由移動の権利を行使した結果，社会保障に関して一つの加盟国の法令により保障された特典を失うことになるのであれば，これらの条項の目的は達成されないであろう。

欧州経済共同体設立条約第51条は，本質的に，一つの加盟国の法令だけでは被保険者期間が十分ではないために国内法にもとづく年金受給権が成立しないケースあるいは給付の最高額よりも低い給付しか認められないケースに照準を合わせている。同条はそのようなケースについて被保険者期間の通算を行うことにより対応するものである。複数の加盟国での被保険者期間を通算し，当該加盟国での被保険者期間が占める割合に応じて年金額を算定することは，それが当該加盟国の国内法を適用することだけで得られる年金額を減少させる場合には，適用されるべきではない。このような解釈は，規則1408/71第45条が，通算は「必要がある限りにおいて」行われると規定していることによって裏打ちされる。

　欧州経済共同体の理事会は，欧州経済共同体設立条約第51条にもとづき委ねられた加盟国社会保障制度の調整に関する権限の執行にあたって，同条約の規定に留意して，同条約にもとづき生じる社会給付受給権の行使について具体的に定めることが認められている。しかし，国内法のみを適用することによってすでに成立している受給権を減少させるような「重複給付の制限」は，欧州経済共同体設立条約第51条と相容れない。

　したがって，規則1408/71第46条第3項は，異なる加盟国で受けられる二つの給付の重複が一つの加盟国の法令のみによって受けられる給付を減額することにより制限されることを規定している限りにおいて，欧州経済共同体設立条約第51条と相容れない。」

(3) Petroni 判決への反応

　この判決に対しては，つぎのような批判が行われた（Bokeloh, 2012: 124）。第一に，この判決は国境を越えて移動する労働者を優遇することになる。すなわち，この判決によって，国境を越えて移動する労働者は国内にとどまる労働者には獲得できない地位を獲得することができるよ

うになってしまう。

　第二に，労働者は年金を最大化することを目的として加盟国間を移動することにより複数のフルの年金を受給することが可能となる。その結果，このような労働者が受給することができる年金の総額は，かつて得ていた勤労収入を上回る可能性がある。

　第三に，この判決は，欧州経済共同体設立条約第51条の不必要に厳格な解釈にもとづいている。同条は，受給権獲得のためだけでなく，給付額の算定のためにも，異なる国内法によって考慮される期間を通算することを規定しており，この二つの目的は同等のものとして並列している。同条の厳格な解釈は，すべての国内法による受給権全体を把握して社会保障を適切に調整する機会を喪失することにつながる。

　一方，立法者の側ではこの判決を受けて様々な対応が行われた。まず，規則1408/71の改正が行われ，重複給付の調整ルールは規則1408/71ではなく加盟国の国内法に設けられることになった。ただし，各加盟国が国内法で定めるルールが不適切な効果をもたらすことがないように，その適用についての制限が規則1408/71に定められ，現在の調整規則883/2004に受け継がれた。それによれば，同種の年金給付に対する国内法による重複給付の調整ルールは，給付額が被保険者期間あるいは居住期間に依存しない場合などの独立給付に限り適用される。

(4) Petroni 原則

　このPetroni事件の判決自体は規則1408/71に定められていた老齢・遺族年金に関する重複給付の調整ルールを対象としたものであった。司法裁判所がこのルールを欧州経済共同体設立条約第51条と相容れないものと判断した根拠には，「国内法が認める受給権を共同体法が制限することは許されない」との基本的な考えがある。この考え方は，老齢・遺族年金に関する重複給付の調整ルールに限らず，社会保障のすべての分野の給付に適用可能なものである。その後の様々な訴訟を通じて，こ

の考え方については，その適用範囲が拡大され，社会保障制度の調整に関する重要な原則として確立され，「Petroni原則（Petroni-Prinzip）」と呼ばれるようになった。

なお，Petroni原則は「有利原則（Günstigkeits-Prinzip）」と呼ばれることもある。Petroni事件の判決が原告に有利なものであったという点において，この言い方は当を得たものといえる。しかし，「有利原則」という用語は，司法裁判所の判決で示された「加盟国国内法の規定だけでなく，共同体法の規定も，共同体法の保障する基本的自由[3]の行使が最大限に有利になるように解釈されるべきである」というようなはるかに広範な意味で用いられることがあるので，注意する必要がある。

司法裁判所の考えによれば，基本的自由の行使を難しくさせることになる国内法および共同体法上の制限は，そうでなければ社会保障制度の財政的な均衡が相当に脅かされるとの理由によって正当化されない限り，基本的に導入することも，維持することも認められない[4]。つまり，司法裁判所の判決は基本的自由を実現することを最優先としており，基本的自由に関する司法裁判所の理解に反する場合には，EU自体が定める第二次法（規則，指令など）も受け入れられないということになる。

2.「適用法の決定」に対するPetroni原則の適用

前述のPetroni事件では，一人の者に対して複数の加盟国から老齢年

---

[3] 社会保障の分野において重要な基本的自由は第一義的には「人の自由移動」であり，第二次的には「サービスの自由移動」および「物の自由移動」があげられる。

[4] このような考え方は，司法裁判所のいくつもの判決の中で示されている。その一つの例として，他の加盟国の民間病院での治療費用の償還をめぐって争われたStamatelaki事件の判決（EuGH, Rs. C-444/05 (Stamatelaki), Slg. 2007, I-3185, Rd. 30）があげられる。

金が支給される場合にその支給総額が大きくなりすぎないようにするための「重複給付の調整」ルールの是非が争点となった。しかし，その後の訴訟では，この判決で司法裁判所によって示され基本的考え方であるPetroni原則を「重複給付の調整」以外の分野，たとえば「適用法の決定」に対しても適用することが認められるようになってきている。以下においては，「適用法の決定」に対するPetroni原則の適用にかかわる三つの訴訟を取り上げて検討を行うこととする。

(1) Ten Holder 事件

この事件に係る訴訟の原告はオランダ人の女性で，ベルギー，オランダ，そして最後はドイツで就労していた。彼女は，1975年4月にドイツで病気となり，ドイツの傷病手当金を受給した。ドイツ傷病手当金受給中の同年8月に彼女はオランダに引っ越したが，オランダでは就労していなかった。翌年10月には，ドイツの傷病手当金の支給限度期間（1年6ヵ月）が経過した。このため，彼女はオランダの法令（一般労働不能保険法（AAW））にもとづく障害給付を申請したが，支払いを拒否された。

当時の規則1408/71により，加盟国間を移動する労働者には就労加盟国の法令が適用されていた。問題は，原告のように1年6ヵ月前に就労を止め，疾病を理由とする給付を受けているような者にもなお就労加盟国（ドイツ）の法令が適用されるかどうかという点にあった。

オランダの障害給付はすべての居住者を対象とするものであり，特別の保険料支払いを受給要件としていない。したがって，オランダの法令が適用されるのであれば，彼女はこの給付の受給要件を満たしていた。このため，最後の就労加盟国（ドイツ）の法令が適用されることにより，他の加盟国（オランダ）の法令により給付受給権者となることが排除されるのかがもう一つの問題となった。

これに対して，司法裁判所はつぎのような判断を示した[5]。

「労働者がある加盟国での就労を止め，その後，他の加盟国での就労を開始するまでの間は，就労を停止してからどれだけの時間が経過しているかにかかわりなく，引き続き最後の就労国（ドイツ）の法令が適用される。規則1408/71の「適用法の決定」に関する規定は，域内を移動する労働者にいずれか一つの加盟国の法令だけが適用されことを決定するものである（排他性）。そうすることで，このような労働者に適用可能な国内法が重複することにより生じる問題が回避される。このように，規則1408/71は，それぞれの国内法がどのような者に適用され，いずれの領域内で効力を発揮するのかを決定する権限を各加盟国から取り上げている。このことは，Petroni事件の判決に反するものではない。なぜならば，Petroni原則は，「適用法の決定」に関する規定ではなく，複数の加盟国の法令にもとづく給付の重複に関する共同体法上の規定に適用されるものであるからである。」

　この判決によって，一般労働不能保険法にもとづく給付を拒否したオランダの給付主体の決定は容認された。もし，ドイツで就労していなければオランダに居住している原告は一般労働不能保険法にもとづく給付を受給することができたはずである。したがって，この判決は，加盟国間を移動する労働者に明らかに不利な結果をもたらすことになった。

(2) Bosmann事件

　これに対して，ドイツ児童手当の支給をめぐって争われたBosmann事件の判決（2008年）[6]において，司法裁判所は「適用法の決定」にもPetroni原則を適用する判断を初めて示した。
　この判決について検討するため，最初に調整規則883/2004にもとづく家族給付の調整の仕組みを確認する。家族給付の調整に当たっては，

---

5) EuGH, Rs. C-302/84（Ten Holder）, Slg. 1986, 1821.
6) EuGH, Rs. C-352/06（Bosmann）, Slg. 2008, I-3827.

まず「適用法の決定」に関する規定にもとづき，いずれの加盟国の法令が適用されるのかが決定される。「適用法の決定」に関して同規則は「就労地法原則」を採用している。このため，ある加盟国において労働者または自営業者として稼得活動に従事する者は当該加盟国の法令の適用を受ける。この労働者または自営業者が受給要件に該当する場合には当該加盟国から家族給付を受給することができる。

　これらの者は，家族給付の対象となる家族が管轄加盟国以外の加盟国に居住している場合であっても，その子が管轄加盟国に居住している場合と同様に，家族給付を受給することができる（第67条）。このため，たとえば，父親が祖国である加盟国に母親と子を残したまま単身で他の加盟国に来て就労する場合には，祖国に居住する子を対象として当該他の加盟国から児童手当を受給することができる。こうしたケースにおいて，祖国である加盟国では国内に居住する親に児童手当が支給される場合には，同じ子を対象として両方の加盟国からそれぞれ父親および母親に対して同時に児童手当が支給されることになる。このように，複数の加盟国からの家族給付が重複して支給されることは，親や子が異なる加盟国に居住する場合に生じやすい問題である。その原因は，多くの加盟国において家族給付が就労関係ではなく，居住関係に着目して支給されるためである（Devetzi, 2012: 449）。

　このように，「適用法の決定」に関する規定にもとづきいずれの加盟国の法令が適用されるかが決定されたとしても，同一の事由にもとづく給付が重複して支給される場合がある。こうした問題に対処するため，調整規則883/2004には優先順位に関するルールが定められている。優先順位に関するルールは，同じ期間に同じ家族を対象に複数の加盟国から給付が行われる場合に適用される。その概要は第2章7.（5）で前述したとおりであり，優先されない給付が必ずしも全面的に停止されるわけではなく，その給付の額が優先される給付の額を超える場合には，その超える部分の給付は行われる。

Bosmann事件の概要はつぎのとおりである。ベルギー人の女性であるこの訴訟の原告は，ドイツに居住し，2人の成人した子を扶養していた。この2人の子はともにドイツに居住し，大学に通っていた。原告は，2005年秋までこの2人の子に関してドイツの児童手当を受給していた[7]。しかし，原告がドイツで居住しながらもオランダでの就労を開始したとき，ドイツの児童手当の給付主体である連邦雇用エージェンシーは原告に対する児童手当の支給を打ち切った。その理由は，調整規則883/2004と同様に，当時適用されていた規則1408/71によれば，原告にとっての管轄加盟国は就労国であるオランダになり，原告にはオランダの法令が適用されるからである。しかし，オランダでは18歳以上の子に関して児童手当の支給は行われないため，原告はいずれの国の児童手当も受給できないこととなった。

　原告からこの決定の取り消しを求められたドイツの裁判所は，司法裁判所に対して，管轄加盟国（オランダ）において給付が受けられない原告が居住加盟国（ドイツ）で給付を受けることが可能となるよう規則1408/71の規定を制限的に解釈すべきかどうかの判断を求めた。

　これに対して，司法裁判所はつぎのような判断を示した。

「規則1408/71第Ⅱ章の規定は，域内を移動する労働者に対していずれの加盟国の法令が適用されるかを定めている。その目的は，国内法が重複して適用されることやそれによって生じる問題を回避するために，そのような労働者に一つの加盟国の社会保障だけが適用されるようにすることにある。この原則は同規則第13条第1項において明記されている。

　同規則によれば，ある加盟国で就労する労働者には，当該労働者が他の加盟国で居住する場合であっても，就労加盟国の法令が適用される

---

[7]　ドイツ児童手当については，対象が大学生である子の場合には，その子が25歳以下であれば支給される。

（第13条第2項a）。このため，原告のケースでは基本的に就労加盟国であるオランダの法令が適用されることになる。したがって，同規則はドイツの給付主体に原告に対する児童手当の支給を義務づけるものではない。

　しかしながら，このことは，ドイツに居住することによりドイツ法だけにもとづき児童手当の受給権を有する原告に対して，ドイツの児童手当が支給されることを排除するものではない。規則1408/71の規定は，労働者の自由移動を容易にするとともに，労働者が自由移動の権利を行使することにより社会保障の給付を受けられなくなることや受けられる給付が減少することのないようにしようとする欧州共同体設立条約第42条に照らして解釈されなければならない。

　これらのことを考慮すると，この訴訟の対象となる状況において，国内に居住する者に家族給付を行う居住加盟国の権限を否定することはできない。つまり，規則1408/71により就労加盟国の法令が適用されるといえども，この規則により居住加盟国が申請者に対して引き続き児童手当を支給することが妨げられるわけではない。」

　このBosmann事件の判決にいたるまで，司法裁判所は「適用法の決定」に関する規定の「排他性」を強調してきた。それによれば，規則1408/71第13条第1項にもとづき，対象者には一つの加盟国の法令だけが適用される。また，そのことは対象者にとって有利にならない場合であっても同様である。これに対して，Bosmann事件の判決では，司法裁判所が，従来は「重複給付の調整」に関して適用してきたPetroni原則を「適用法の決定」に対して初めて適用したものと考えられる[8]。このため，Bosmann事件における司法裁判所の判断は驚きをもって受けとめられた（Devetzi, 2012: 448）。

8）　ただし，判決文においてPetroni判決が明示的に引用されているというわけではない。

司法裁判所自身は，この判決が Ten Holder 事件の判決と矛盾するものではないとしている（Devetzi, 2009: 300）[9]。しかし，司法裁判所は，Ten Holder 事件の判決において，「適用法の決定」に関するルールにより自国の法令が適用されない加盟国は給付を自由に行うことができないとも述べており，そのこととの関連が十分に説明しきれていない。

　この判決の受けとめ方は様々であった。この判決は「社会保障制度の調整に関する規則」が社会的権利を制限するのではなく，拡大する機能を有していることを確認したものであるとの評価があった一方で，移動する労働者がその方が有利であるとの理由で管轄加盟国以外の法令の適用を求めることになれば様々な問題を投げかけることになるのではないかとの指摘もあった。

　明らかなことは，この判決は管轄加盟国以外の法令の適用を一般的に支持しているわけではなく，「居住加盟国が国内居住者に家族給付を行う権限が否定されるものでない」との判断を示すにとどまるものであることである。

(3)　Hudzinski および Wawrzyniak 事件

　Hudzinski 事件に係る訴訟の原告は，ポーランド人でポーランドに住む自営の農業者（男性）である。彼は 2007 年に季節労働者として 4 ヵ月間ドイツで働いた。また，彼は，2007 年に関してはドイツの所得税法にもとづく申請を行い，「無制限の所得税納付義務」がある者として取り扱われた[10]。このドイツで働いていた期間について，彼はポーランドで暮らす二人の子に関するドイツの児童手当の支給を申請した。

　Wawrzyniak 事件に係る訴訟の原告も，ポーランド人で妻および娘と

9）　司法裁判所は，Ten Holder 事件の判決とはその前提となる状況が異なることを考慮すると，管轄加盟国でない加盟国であって家族給付の受給を就労などと結びつけていない国がその国内居住者にそのような給付を行うことがその国の法令により導き出される限りにおいて，Ten Holder 事件の判決はそれを排除する根拠にはなりえないとしている。

ともにポーランド暮らしている。彼は2006年に事業主によりドイツに派遣され11ヵ月間働いた。彼も2006年に関してはドイツにおいて「無制限の所得税納付義務」があるものとして取り扱われた。彼はドイツで働いていた期間について娘に関するドイツ児童手当の支給を申請した。ちなみに，同じ期間について，彼の妻はポーランドで月額12ユーロの児童手当を受給していた。

ドイツ児童手当の支給を担当する家族金庫は両原告からのドイツ児童手当の支給申請を認めなかった。このため，両原告はドイツ連邦財政裁判所に上告した。上告審において，両被告は，Bosmann訴訟を援用して，ドイツが規則1408/71にもとづく管轄加盟国に該当しない場合であっても，児童手当の支給について規定する所得税法第62条の規定を適用することは可能であると主張した。同裁判所は，この両事件とBosmann事件については相違点が存在することから，この両事件の場合においても，管轄加盟国に該当しない加盟国（ドイツ）は国内法にのみもとづき家族給付を行う権限を有すると解することができるかどうかについて，司法裁判所に判断を求めた。

この両事件は，Bosmann事件と二つの点において違いがある。第一に，Bosmann事件の原告は，オランダで就労することによりドイツからの給付が打ち切られるという不利を被ったのに対して，この両事件の被告は，ドイツで就労することによりポーランドの給付を受ける権利を失ったわけではない。第二に，Bosmann事件の原告は子とともにドイツに居住していたが，この両事件の被告は子とともにポーランドに居住していた。

両事件の判決（2012年）[11]において司法裁判所はつぎのような判断

---

10) 「無制限の所得税納付義務」の申請は，その年の総所得の90％以上がドイツ所得税の対象となる所得であり，かつ，ドイツ所得税の対象とならない所得が上限額（2007年では7664ユーロ）以下の場合に認められている。「無制限の所得税納付義務」があるものとして取り扱われることにより，ドイツ所得税法上の人的控除をうけることができる。

を示した。

　「Hudzinski氏の場合には，規則1408/71第14a条1号aにより，彼がドイツで就労していた12ヵ月以下の期間は，引き続き，通常自営業を行っている加盟国（ポーランド）の法令が適用される。Wawrzyniak氏の場合には，規則1408/71第14条1号aにより，彼がドイツに派遣されていた12ヵ月以下の期間は，引き続き，通常就労を行っている企業が所在する加盟国（ポーランド）の法令が適用される。両原告には，たとえそれが不利であったとしても，管轄加盟国の法令だけが適用される。したがって，規則1408/71によれば両被告はポーランドの児童手当のみを受給することができる。
　問題となるのは，共同体法上はドイツには児童手当を支給する義務がないとしても，「無制限の所得税納付義務」を有することを理由としてドイツが国内法（所得税法第62条）にもとづき児童手当の支給を行うことを共同体法が排除できるかどうかである。この訴訟の原告は管轄加盟国であるポーランドに居住しており，管轄加盟国でない加盟国がその国内に居住する者に給付を行うことが問題となったBosmann訴訟の場合とは事情が異なる。しかし，規則1408/71にもとづく管轄加盟国に該当しない加盟国が，その国内で一時的な労働が行ったという状況の下で出稼ぎ労働者に対して給付を行うことを排除することはできない。そのことは，出稼ぎ労働者が管轄加盟国から同種の給付を受けることができるため自由移動の権利を行使することによる不利を被らない場合にも，また，出稼ぎ労働者本人およびその子が，一時的な労働を行う加盟国（両訴訟の場合にはドイツ）に居住しない場合にも適用される。」

　興味深い点は，司法裁判所が自由移動の要請だけでなく，財政的な議

---

11)　EuGH, Urteil vom 12.6.2012, Rs. C-611/10, 612/10 (Hudzinski und Wawrzyniak).

論を持ち出していることである．ドイツの児童手当のように，ある給付の費用が税によって賄われる場合には，その国において「無制限の所得税納付義務」がある者をその給付の対象から除外することが一層疑問となる．福祉国家における連帯は，その国で就労することや居住することだけでなく，税や社会保険料の負担を通じてその国の社会保障制度に財政的な貢献を行うこととも関連すると考えられる．明示的に述べているわけではないが，司法裁判所も，給付受給者による財政的な貢献を，その者が当該加盟国の社会保障制度から給付を受けることを認める基準として用いているように思われる．

さらに，司法裁判所は，ドイツが児童手当を支給することができる場合に，他国で同等の給付が支給される場合にはドイツの児童手当の支給が停止されることを規定しているドイツ所得税法第65条第1項第2号が共同体法に抵触しないかどうかについて，つぎのような判断を示した．

「この両事件のケースは，規則1408/71および規則574/72の重複給付防止規定の適用を受けない．なぜならば，両事件においてポーランドは当該家族の就労加盟国であると同時に居住加盟国であり，したがって，両事件のケースでは，重複給付防止規定の前提となる就労加盟国の法令にもとづく受給権と居住加盟国の受給権との競合が生じていないからである．

ドイツ所得税法第65条第1項第2号が給付の減額だけでなく，停止についてまで規定している限りにおいて，国境を越えて移動する労働者に対する間接的な差別につながることから，この規定は「労働者の自由移動」に関する欧州連合運営条約の規定と相容れない．」

このことは，ドイツ所得税法第65条第1項第2号は無効であり，ドイツの児童手当からポーランドから支給される児童手当の金額に相当す

る減額を行うことができるにすぎないことを意味している（Bokeloh, 2016a: 363）。規則1408/71にはこのような減額により調整を行う規定は存在しないことから，司法裁判所は，事実上，追加的な重複給付防止規定を創設したものとみることができる。つまり，管轄加盟国（この場合にはポーランド）と管轄加盟国でない加盟国（ドイツ）が児童手当の支給を行う場合には，前者の給付が優先され，後者は前者の支給する児童手当の額を控除した児童手当を支給することになる。

3. 考察

　以上みたように，Petroni事件の判決は，もともと一人の対象者に対して複数加盟国から老齢年金が支給される場合の給付総額の調整について，司法裁判所の判断を示したものである。しかし，司法裁判所がその判断の根拠とした「国内法が認める受給権を共同体法が制限することは許されない」との考え方（Petroni原則）自体は，それ以外のケースにも適用可能なものである。実際に，司法裁判所によるその後の判決においては，Petroni原則の適用が給付総額の調整にとどまらず「適用法の決定」にまで拡大された。

　それらの判決においても，司法裁判所は，「適用法の決定」に関する規定が排他的な効力を持つこと，すなわち，一人の対象者にはいずれか一つの加盟国の法令のみが適用されることを強調している。このことは法的安定性を確保する観点から重要な意味を持つと考えられる。なぜならば，「適用法の決定」に関する明確な規定がなければ，一人の対象者に複数の加盟国の法令が重複して適用されることやいずれの加盟国の法令も適用されないことが生じることにより混乱がもたらされ，「社会保障制度の調整に関する規則」はその効果を適切に発揮することはできないと考えられるからである。

　その一方で，司法裁判所は，「労働者の自由移動」を確保するために

「期間通算」および「給付の輸出」の措置を定めることを求める欧州連合運営条約第 48 条の意義と労働者にできる限り大きな移動の自由を確保する必要性を強調している。しかし，「適用法の決定」ルールが「排他的な効力」を有することで加盟国が国内法にもとづく給付を行うことが排除されるとすれば，労働者は自由移動の権利を行使することにより国内にとどまっていた場合には受けられたはずの給付が受けられなくなる可能性がある。このため，ある加盟国が管轄加盟国でないにもかかわらずその国内法にもとづき給付を行うことを認める共同体法の解釈は，それが国境を越えて移動する労働者の生活水準と労働条件の改善に貢献するゆえに必要なものである。

　言い換えれば，一連の判決において示された司法裁判所の判断は，「社会保障制度の調整に関する規則」の「適用法の決定」に関する規定の排他的な性格を確認しつつ，それに対して，自由移動の権利を行使する労働者にとって有利となるような修正を加えようとするものであると理解することができる。

◆コラム：「原則」となった Petroni 氏

　Petroni 氏は，Kohll 氏，Decker 氏などとならんで，EU 社会法の分野において最も著名な人物の一人である。Petroni 事件は，EU 社会法を学ぶ者であればだれもが知っている訴訟の一つとなっている。それにとどまらず，司法裁判所がこの事件の判決で示した EU 社会法の基本原則までもが，彼の名前をとって「Petroni 原則」と呼ばれるようになった。Kohll 氏，Decker 氏などにかかわる司法裁判所の判決も大変重要であり，かつ，法解釈の指針となるものではあるが，その名前のついた基本原則が生まれるまでにはいたらなかった。

　ところで，Petroni 氏自身は，自分がこのようなかたちで有名になったことを知らなかった。なぜならば，Petroni 事件の判決がいいわたされたとき，彼はすでにこの世を去っていたからである。

第6章　ヨーロッパ労働市場に対応した失業給付の調整

　EU加盟国のなかでも，経済・財政問題を抱える加盟国においては，国内での高い失業率に直面し，職を探すために他の加盟国に行ってみようと考える者が増加している。一方で，ドイツなどの加盟国では少子化により勤労世代が減少するなかで，質の高い労働力への需要が増加している。こうした状況を背景として，加盟国間での労働者の自由移動を促進する必要性が高まっている。

　調整規則883/2004は，本来，「労働者の自由移動」を促進することを目的として，他の加盟国に移動する労働者が社会保障に関して不利にならないようにするものである。しかしながら，同規則は，失業者が他の加盟国での求職活動を行うことに制限的であり，また，アクティベーション措置を適切に考慮しておらず，「労働者の自由移動」を阻害する要因になっているとの批判がある。

　この章では，このような観点から調整規則883/2004の問題点について検討し，改善の必要性について考察する。

1. 失業給付に関する調整の概要

　調整規則883/2004において，失業給付は特別の位置を占めている。同規則における失業給付に関する規定（第61条から第65条まで）には，その構造および内容に関して他の種類の給付の場合とは大きく異なる特殊性が存在している。

　その理由一つは，調整規則883/2004の前身である「出稼ぎ労働者の

社会保障に関する規則（規則3/58）」が欧州経済共同体により制定された経緯と関係がある。1957年の欧州経済共同体の設立に参加した国[1]の間には，貿易に関して行われる「国境の撤廃」を労働者の移動に関してどの程度まで適用するかについての統一的な考え方は存在していなかった。程度の差はあるにせよ，これらの国では，第一義的には国内労働市場の保護に配慮するある種の保護主義が支配的となっていた（Fuchs, 2013c: 343）。これらの国が他国の労働者に対して国内労働市場を開放することについて消極的な姿勢であっことは，規則3/58の規定にも反映され，失業給付に関する調整は中途半端なものにとどまった。もし，各加盟国が保護主義的な考え方にとどまるのではなく，「労働者の自由移動」をもっと積極的に進める立場をとっていたとすれば，失業給付に関してより明確な調整規定が提案されたと考えられる。

　もう一つの理由は，失業給付自体の特殊性である。失業者が失業給付を受給する権利と再び職を得ようと努力する義務との間には密接な関係が存在する（Pennings, 2009: 265）。このため，加盟国間を移動する労働者の失業給付に関する調整は，この両者の密接な関係を弱めるものであってはならないとされる。また，失業給付の管轄加盟国は，給付受給者が他の加盟国に居住・滞在する場合であっても，その者が失業給付の受給にともなう義務を遵守していることを監督することが可能でなければならないとされる。

　欧州経済共同体設立条約第51条（現在の欧州連合運営条約第48条）が規定する社会保障制度の調整に関する中心的な基本原則は，「期間通算」と「給付の輸出」にあった。しかし，同条にもとづき制定された規則3/58において，失業給付には「期間通算」と「給付の輸出」の基本原則は適用されなかった。今日の調整規則883/2004においても，同規則が定める基本原則のうち，「期間通算」（第6条）および「給付の輸

1）　欧州経済共同体は，ベルギー，ドイツ，フランス，イタリア，ルクセンブルクおよびオランダの6ヵ国により設立された。

出」(第7条)に関しては,失業給付に適用される別の定めが行われている。

(1) 適用対象給付

調整規則883/2004の適用対象となるのは,同規則第3条第1項に限定列挙される社会保障の各分野の給付であり,その中には失業給付も含まれる。しかし,調整規則883/2004には失業給付の定義は設けられていない。「失業給付」は,通常,賃金を得て行う活動が制限され,行えなくなり,あるいは一時的に中断しなければならなくなった者であって,就労しようとするものに対して支給される給付を指すように思われる。司法裁判所も,Acciardi事件の判決 (1993年)[2] では,失業者が公共職業安定所に求職者として登録し,職を探すためのできる限りの努力を行い,適切な仕事が見つかればそれを受け入れる用意がある場合にのみ給付受給権を有することを,当該給付が失業給付に該当する条件の一つとした。

しかし,加盟国によっては,ある年齢以上の失業者の場合には再就職の見込みが少ないことから,求職活動を行うことを失業給付の受給要件としていない。このような給付も「社会保障制度の調整に関する規則」が規定する「失業給付」に該当するかどうかが問題となるが,司法裁判所からその後に出されたDe Cuyper事件の判決 (2006年)[3] ではつぎのような理由でこのような給付が失業給付に該当するとの判断が示された。

「この給付は,労働能力のある労働者が職を失うことにより遭遇する所得喪失のリスクに対応するものである。また,その他の失業者に対する給付と同様に,この給付の額は各失業者の得ていた労働報酬の額を基

---

2) EuGH, Rs. C-66/92 (Acciardi), Slg. 1993, I-4567.
3) EuGH, Rs. C-406/04 (De Cuyper), Slg. 2006, I-6947.

に算定される。この給付が持つこのような重要な特徴は，この給付の受給者に対して求職者として登録し，適切な仕事を受け入れることが義務づけられていないことによって変わるわけではない。」

(2) 期間通算

複数の加盟国で就労した経験のある失業者に対する失業給付の支給に関しては，多くの場合，その者が失業前の最後に就労していた加盟国が管轄加盟国となる。労働者が管轄加盟国で失業し，かつ，その国に居住している場合に受給できるのは，当該加盟国の法令にもとづき受給可能な失業給付のみである。つまり，そのような失業者がそれ以前に就労していた加盟国の失業給付を受給することはできない。失業給付の受給要件ならびに給付額および受給期間は，管轄加盟国の法令の定めるところによる。管轄加盟国の法令が定める受給要件を満たすために必要がある場合には，他の加盟国で経過した就労期間または被保険者期間との通算が行われる。その際には，当該期間が被保険者期間であるか，あるいは就労期間であるかによって，異なる取扱いが行われる。一定の被保険者期間を経過していることを受給要件としている管轄加盟国では，他の加盟国での就労期間は管轄加盟国の法令により被保険者期間とみなされるものでない限り考慮されない（調整規則883/2004第61条第1項）。一方，他の加盟国での被保険者期間は常に考慮される。

具体的にはつぎのような例が考えられる。ドイツでは週15時間以下の就労は失業保険の対象とはなっていなかった。一方，オランダではこのような労働時間の限度は設けられていない。初めにドイツで週15時間以下の就労を行っていた者が，つぎにオランダで就労し，失業した場合，ドイツでの就労期間はオランダの失業給付を受けるために必要な期間に算入することができる。なぜならば，ドイツでの就労期間はオランダの法令が適用されていたとすれば被保険者期間とみなされるからである。

就労期間および被保険者期間の通算は給付受給要件を満たすか否かにのみ影響を及ぼすものであり、給付額には影響を及ぼさない。すなわち、管轄加盟国の法令により、給付額の算定が従前の報酬を基礎として行われる場合には、失業前の最後の就労で得ていた報酬だけが考慮される（調整規則883/2004第62条第1項）。このため、かつて他の加盟国でより高い報酬を得て、失業保険の保険料を払っていた者であっても、失業給付の算定は最後の就労で得ていた報酬をもとに行われる。

(3) 給付の輸出

　現金給付として行われる失業給付（失業手当）には「給付の輸出」の原則が適用されるが、その内容は老齢年金などの場合に比べて相当に制限的なものとなっている。すなわち、失業者が、失業給付の受給権を維持したままで求職のために他の加盟国に行こうとする場合には、出国前において、失業してから少なくとも4週間の間、管轄加盟国の労働行政機関（たとえばドイツであれば連邦雇用エージェンシー（Bundesagentur für Arbeit））に求職者として登録し、適切な仕事が見つかればそれを受け入れる状態になっていなければならない（調整規則883/2004第64条第1項a号）。このように、調整規則883/2004の失業給付の調整に関する規定は、失業給付はまずは管轄加盟国おいてのみ支給されるとの基本的な考え方に立っており、「給付の輸出」はその後の期間においてつぎのルールのもとで例外的に行われるにすぎない。

　求職のために他の加盟国に行く場合、失業者は、当該他の加盟国の労働行政機関に求職者として登録し、当該他の加盟国での監督手続きに服し、その国の法令に従わなければならない。これらの要件を満たす場合でも、失業給付の受給権を維持することができる期間は原則として3ヵ月間に限られている（調整規則883/2004第64条第1項c号）。しかし、実際には、3ヵ月では他の加盟国において職を探すのに十分でない場合が多い。このため、管轄労働行政機関または管轄給付主体はこの期間を

最長6ヵ月にまで延長することができる。他の加盟国で求職活動を行っていた失業者は，認められた期間を超過して帰国した場合には，失業給付の受給権を失うことがある。

失業給付の「輸出」に関するルールがこのように制限的であることには，他の加盟国において求職活動を行う失業者に対しては求職活動に関して必要な支援や監督が国内と同程度には行われないことを加盟国が危惧していることが影響している（Fuchs, 2013c: 348）。

(4) 情報交換

他の加盟国で求職活動を行う失業者に対する失業給付を適切に行うためには関係加盟国間での協力や情報交換が特に重要である。このため，加盟国行政機関間の協力に関する一般的な規定である調整規則883/2004第76条にとどまらず，管轄加盟国および失業者が求職のためにおもむいた加盟国の失業保険の給付主体および労働行政機関との間での情報交換，協力および相互支援の詳細が，調整規則883/2004の実施手続きを定めた実施規則987/2009において定められている。

それによれば，失業者がおもむいた加盟国の給付主体は，管轄給付主体の要請にもとづき，失業者の状況の推移に関する重要な情報を毎月提供することが義務づけられている（第55条第4項）。そのような情報としては，失業者が引き続き労働行政当機関に届け出ているかどうかや，所定の監督手続きに服しているかどうかなどがある。失業者がおもむいた加盟国は，その国の法律にもとづき失業給付を受給している失業者の場合と同様に監督を行わなければならない。また，失業者がおもむいた加盟国は，給付受給権に影響を及ぼす状況が生じたときは管轄給付主体に連絡しなければならない（第55条第5項）。関係加盟国の労働行政機関および給付主体は，失業者の状況の変化にかかわるその他の措置について合意することもできる（第55条第6項）。

2. 他の加盟国での求職活動

(1) 失業給付をめぐる問題

EUによる調査では，国境を超える労働者の数は依然として低い水準にとどまっている。2006/07年では，加盟国が旧東欧諸国にまで拡大される前からのEU加盟15ヵ国ならびにアイスランド，ノルウェー，リヒテンシュタインおよびスイスにおいて国境を越えて通勤する越境通勤者の数は2000年と比較して26%の増加となっているものの，EU加盟27ヵ国ならびにアイスランド，ノルウェー，リヒテンシュタインおよびスイスの総数では78万人にとどまっている（AdR, 2013: 4）。また，15歳から64歳までの勤労世代に属する者のうち，祖国以外の加盟国で暮らしている者の割合は2011年で3.1%にすぎない。

つぎに，失業の状況を確認しておくと，2016年末現在では，EU全体での失業率は8.2%となっている[4]。ただし，失業率には加盟国間での大きな違いがみられ，ドイツでは3.9%であるのに対して，ギリシアでは23.0%，スペインでは18.4%となっている。さらに，25歳未満の若年者の失業率は，ドイツでは6.5%であるのに対して，ギリシアでは44.2%，スペインでは42.9%，イタリアでは40.1%となっている。

近年，経済・財政危機に直面している南ヨーロッパの加盟国では，国内労働市場では職が見つかる見通しがもてないことから，失業者が求職のため他の加盟国に行こうとする状況となっている（Schulte, 2014c: 118）。一方，ドイツのような加盟国では，たとえば介護業界のように，必要な養成訓練を受けた労働力が不足しているため，外国人労働者を確保することに積極的に取り組んでいる業界がある。

---

4) 失業率に関するデータはEurostat（2017）による。

しかしながら，失業者が管轄加盟国の失業給付を受けながら他の加盟国で求職活動を行うことについては，前述のような制限的な規定が設けられている。このため，失業している労働者の自由移動は，仕事のある労働者の自由移動と同等に保障されているとはいえず，調整規則883/2004の規定は失業している労働者の自由移動を可能にするという観点からは適切ではないとの批判がある。

失業している労働者の自由移動を制限することは，「失業のリスクは人為的に操作可能なものであり，それゆえ，EU法においても権利の濫用に対処しなければならない」との理由により正当化されてきた (Schulte, 2014b: 66)。しかし，「多くの失業者が職探しではなく，楽しい日々を送るために外国に行く」といった現象が実証されているわけではない。むしろ，他の加盟国での求職活動を行うことは，失業者が旅費・滞在費を自ら負担しなければならず，見知らぬ土地に滞在しなければならないというデメリットを伴うものである。しかも，失業給付の給付額や受給期間は限られている。

かつては，好景気と低い失業率を背景に，求職者は他の加盟国においても短期間で仕事を見つけることが可能であったが，今日の加盟国における雇用情勢はそのころとは根本的に変化しており，求職活動が長期に及ぶ場合も少なくないと思われる。したがって，失業給付の「輸出」に関する厳格な規定についても，こうした変化に応じた見直しが必要となっているといえる。

(2) 司法裁判所の判決における変化

最近の司法裁判所の判決においては，失業給付の「輸出」に関する変化の兆しがみられる。その例としてPetersen事件の判決（2008年）[5] があげられる。この訴訟の原告は，オーストリアで労働者として就労し

---

5) EuGH, Rs. C-228/07 (Petersen), Slg. 2008, I-6989.

ていたドイツ人である。彼はオーストリアの公的年金保険による職業不能年金の申請を行った。このような申請を行った者が、失業しており、必要な資金を調達するためにそれ以外の収入がない場合には、年金支給が認定されるまでのつなぎとして、前払給付が支給されることになっていた。当初オーストリアに住所を有していた原告に対しては、この前払給付が支給された。しかし、その後、原告は住所をドイツに移すつもりで転居後の継続支給を申請したところ、オーストリアの管轄給付主体はつぎのような理由からこの申請を認めなかった。それは、この前払給付は、障害給付ではなく、失業給付とみなされ、また、他の加盟国に居住している失業者に対しては、失業給付は例外的に支給されるものであり、原告はその条件を満たさないというものである。

　この事件に関して判断を求められた司法裁判所も、この前払給付は失業給付に該当するとした。しかし、司法裁判所は、他の加盟国（この場合はドイツ）に居住する受給権者へのこの前払給付の支給に関しては、つぎのような判断を示した。

　「「労働者の自由移動」を定める欧州共同体設立条約第39条（現在の欧州連合運営条約第45条）は平等取扱いについて規定している。これにより、居住要件が客観的に正当化され、かつ、適度であることを根拠づけられない限りにおいて、加盟国に対して、給付受給者が当該加盟国の国内に居住することを本件前払い給付のように規則1408/71の適用対象給付である失業給付に該当する給付の支給要件とすることは禁じられる。本件給付は職業不能年金の支給についての決定がなされるまでの期間限定（平均3～4ヵ月）の給付であり、「給付の輸出」が財政収支に相当の問題をもたらすとは認められず、居住要件を満たすように求めることは適度と認められない。」

　このように、この判決は、欧州共同体設立条約第39条を根拠として、

規則1408/71の規定する範囲を越えて失業給付の「輸出」を認めたものである。その意味で，この判決は，失業給付の輸出の拡大に向け一歩踏み出したものであるといえる。

(3) 「社会保障制度の調整に関する規則」の見直し

「社会保障制度の調整に関する規則」が定める失業給付に関する規定については，これまでも，3ヵ月に限定されている他の加盟国での求職期間を延長することなどが検討されてきた。

規則1408/71の下で議論された提案によれば，最初の3ヵ月に続く第2段階の期間を設け，その期間において管轄加盟国から支給される失業給付の水準は，求職活動を行っている加盟国の給付水準にまで引き下げられることになっていた（Schulte, 2014b: 67）。しかし，すでに獲得された給付を引き下げることは，EU法に抵触し，平等取扱いの原則にも反することになると考えられた。

1998年末に欧州委員会が行った規則1408/71に代わる新たな規則についての提案では，管轄加盟国の失業給付を受けながら他の加盟国で求職活動を行える期間が6ヵ月に延長されることになっていた。しかしながら，多くの加盟国は，それによって権利の濫用が促進されるおそれがあるとしてこの提案を受け入れなかった。結局，新たに制定された調整規則883/2004では，他の加盟国で求職活動を行える期間が「3ヵ月まで」に据え置かれ，管轄加盟国がこの期間を「最長6ヵ月まで」に延長することを可能にする小さな改善が行われたにすぎなかった。しかも，この規定のその後の実施状況には，加盟国による大きな違いがみられる。すなわち，期間の延長をまったく認めていない加盟国がある一方で，他の加盟国での求職期間を最初から6ヵ月に延長している加盟国も見られる（trESS, 2012: 18）。

3. アクティベーション政策の推進

(1) アクティベーション政策

まず，EU 各国による雇用政策として重要な意味を持つアクティベーション政策の概要を Schulte (2014b: 60) によりみていくこととする。1990 年代以降，各加盟国のレベルでも，EU のレベルでも，雇用政策の分野でアクティベーションを推進しようとする政策の方向性がみられる。その先頭を切ったのはデンマークなどの北欧諸国と英国である。加盟国によって形態は異なるものの，アクティベーション政策の核心は，給付を受給する権利と労働市場における積極的な求職義務とを結びつけることにある。

アクティベーションの目的は，勤労世代に属するが，失業，稼得能力の減衰，要介護，社会的排除，貧困などの原因により，すでに労働市場から排除されている者または労働市場から排除されるおそれのある者を労働市場に復帰させる，または留めることにある。このため，アクティベーションのための措置（以下「アクティベーション措置」という）には，職業生活への復帰および残留を支援するための様々な措置が含まれる。

アクティベーション措置は，失業だけでなく，職業生活から排除される原因となるその他の生活状態（長期の病気，障害，要介護など）も対象として行われる。アクティベーション措置には，たとえば，人々が新しい技能を習得することまたは既得の技能を高めることを援助すること，特定のグループの求職者を雇用する事業主による社会保険料の納付を免除すること，失業者または障害者を雇用する事業主に助成金を支給すること，失業者が仕事を見つけ，受け入れられることへの様々なインセンティブを与えることなど，多様な形態のものが存在する。

(2) 「社会保障制度の調整に関する規則」とアクティベーション

「社会保障制度の調整に関する規則」にいう失業給付は，失業により得られなくなった所得を補填し，生計維持を図ることを目的とする給付として理解される。したがって，失業者を労働市場に統合するまたは労働者の就労可能性を高めることをねらいとした給付は失業給付に該当しない。また，現金給付であっても，たとえば失業者が再就職する場合の報奨金として支給される給付のように，失業により得られなくなった所得の補填および生計維持を目的しないものは失業給付に該当しない。このように，現状の「社会保障制度の調整に関する規則」は，人々を労働市場に（再）統合することや労働市場に留まるチャンスを高めるというアクティベーション政策の目的を十分に反映したものになっていない (Cornelissen, Van Limberghen, 2015: 346)。

司法裁判所は，Campana 事件の判決 (1987年)[6] においてはじめて，現在は失業していないが，失業の危険がある労働者のための給付を取り扱った。この訴訟の原告は，ドイツに居住するイタリア人の労働者で，ドイツの雇用促進法にもとづく職業継続訓練のための助成金の申請を行った。この給付を受給するためには，直近3年間に2年以上の失業保険料納付義務のある就労を行った期間がなければならなかった。問題となったのは，この期間に他の加盟国での就労期間を通算することができるかどうかである。この助成金が，当時の規則 1408/71 の失業給付に該当するのであれば，そのような期間の通算が可能であった。

これに対して，司法裁判所はつぎのような判断を示した。

「規則 1408/71 においては，「失業給付」にはすでに失業のリスクが生じたことを理由として支給される給付だけが含まれるのか，それとも，

---

6) EuGH, Rs. C-375/85 (Campana), Slg. 1987, 2387.

将来の失業を予防する給付も含まれるのかが定められていない。このような状況において，その解釈は，労働者の自由移動と就労の自由のために最も有利な条件を作り上げるという欧州経済共同体設立条約第51条の目的に適合したものでなければならず，将来の失業を防止するための給付を規則1408/71の失業給付から排除することは同条の目的に反する。したがって，失業者ではないが，具体的な失業のおそれがある労働者にかかわる職業継続訓練のための助成金は規則1408/71の意味における失業給付とみなされる。」

　この司法裁判所の判断は，当時の経済情勢を背景として，加盟国が，職についている労働者が差し迫った失業を回避するためにその職業能力を高めることや失業した労働者が再教育を受け再就職することを可能にする職業訓練を促進するための措置を講じていたことを考慮したものであった（Schulte 2014b: 67）。しかし，上記判決において失業給付に該当するとされたのは，非常に限られた範囲でのアクティベーション措置でしかない。また，対象者に「具体的な失業の恐れ」があることを条件とすることによって，その適用を制限するものとなっている。

　Campana事件の判決を受けて，欧州委員会は失業給付の範囲を拡大することを試みた。すなわち，欧州委員会は，1998年末に提案した規則1408/71の改正案に，求職ために他の加盟国におもむく失業者が，当該他の加盟国の国民と同様の条件で仕事にアクセスできるよう，現金給付以外の失業給付を受給することができる規定を盛り込んだ[7]。しかし，この提案は理事会によって受け入れられなかった。

　今日，加盟国では従来の失業給付よりもアクティベーション措置を優先する動きが見られる。たとえば，ドイツの社会法典第3編第5条は，

7）　アクティベーション政策においては，現金給付（失業手当などの所得代替給付）と現物給付（労働市場へのインテグレーションのため措置）とが結び付けられる。したがって，給付の「輸出」が可能となるためには，対象者が管轄加盟国以外の加盟国でこの両方の給付を受けられる必要がある。

失業により得られなくなった労働報酬を補填するために必要となる給付（失業手当）を回避し，長期失業の発生を予防するために，積極的な就労促進のための給付を行うことを規定している。これによって，積極的な就労促進のための措置が所得代替給付に優先することが明らかにされ，積極的就労促進策への転換が進められている。このため，このような加盟国国内法におけるパラダイム転換を「社会保障制度の調整に関する規則」においても適切に考慮することが求められている。

(3) 欧州連合運営条約とアクティベーション

前述の司法裁判所の考え方に立てば，一般的な職業上の能力を高める措置ならびに雇用創出あるいは構造調整のための助成金のような使用者に対する給付は，調整規則883/2004の失業給付には該当しないことになる。

しかし，最近の司法裁判所の判決では，このような調整規則883/2004の対象とならないアクティベーション措置に対しても，欧州連合運営条約が定める「基本的自由」などに関する規定を直接的に適用するケースがみられる。

① ITC事件

司法裁判所は，ITC事件の判決（2007年）[8]において，ドイツの連邦雇用エージェンシーが行う雇用創出措置としての職業紹介バウチャーを取り扱った。このバウチャーは，民間職業紹介事業者により「社会保険加入義務のある就労」への職業紹介が行われた場合に，連邦雇用エージェンシーによるバウチャーの償還，すなわち当該民間職業紹介事業者への報酬の支払いが行われるものであった。

この訴訟の原告である民間職業紹介事業者ITCは，バウチャーを提

---

8) EuGH, Rs. C-208/05 (ITC Innovative Technology Center GmbH), Slg. 2007, I-181.

出して職業紹介を依頼した求職者にオランダの企業を紹介した。ITC は，それにもとづき当該求職者が「社会保険加入義務のある就労」を得たとして連邦雇用エージェンシーにバウチャーの償還を求めた。しかし，同エージェンシーは，その就労がドイツにおける「社会保険加入義務のある就労」ではないとして支払いを拒否した。

これに対して，司法裁判所はつぎのような判断を示した。

「求職者が他の加盟国での就労を紹介される場合には，連邦雇用エージェンシーはバウチャーの償還を行わず，その費用を負担しない。このため，他の加盟国での就労を紹介された求職者は，その費用を自ら負担しなければならなくなり，国内での就労を紹介される場合に比べて不利な状況におかれることになる。また，民間職業紹介事業者も他の加盟国での職を探そうとしなくなる。このことは，失業者が他の加盟国で職を探そうとすることを妨げるおそれがある。したがって，職業紹介に対する報酬の支払いを国内での就労の場合に限定することは，欧州共同体設立条約第39条（現在の欧州連合運営条約第45条）が定める「労働者の自由移動」に反する。」

ドイツ連邦政府や連邦雇用エージェンシーは，この措置の性格が，加盟国に権限がある国内労働市場政策の手段であり，国内での保険料負担者を確保することによりドイツ社会保険制度を保護し，国内労働市場を専門労働力の喪失から保護するためのものであると主張した。しかし，司法裁判所は，それによって「労働者の自由移動」の権利を制限することを正当化することはできないとして，この主張を認めなかった。

② Vatsouras および Koupatantze 事件

司法裁判所は，Vatsouras および Koupatantze 事件の判決（2009年)[9]において，労働市場への参入を容易にするための金銭給付を取り

扱った。この二つの事件の原告はいずれも，ギリシア人の男性であって，ドイツに来た者である。両者は，当初，ドイツ社会法典第2編にもとづく「求職者基礎保障」の給付を受給していたが，その後，この給付が打ち切られた。その理由は，同編第7条第1項の規定により，外国人であって，滞在する権利が求職目的からのみ生じている者は，この給付の受給権者から除外されていることにあった[10]。

これに対して，司法裁判所はつぎのような判断を示した。

「国籍を理由とする差別からの労働者の保護について定める欧州共同体設立条約第39条第2項（現在の欧州連合運営条約第45条第2項）の規定は，労働市場への参入を容易にするための金銭的な給付にも適用される。ただし，加盟国は，当該求職者がその国の労働市場に実際のつながりを有することが確認されて初めてそのような給付を行うことは正当化される。このようなつながりの存在は，その者がその国で適当な期間において実際に求職活動を行ったことが確認されることにより生じる。実際のつながりが存在するかどうかの確認は，加盟国の管轄官庁または裁判所がなすべきことである。」

この判決の考え方に従えば，「求職者基礎保障」の給付に関しても国籍だけを理由として支給しない取扱いとすることは許されないが，実際に行われた求職活動の状況に応じて給付を行うことは認められることになる。

③ Caves Krier 事件

司法裁判所は，Caves Krier 事件の判決（2012年）[11] においても，使

---

9) EuGH, Rs. C-22/08, 23/08 (Vatsouras und Koupatantze), Slg. 2009, I-4585.
10) 外国人であって，滞在の権利が求職の目的からのみ生じている者に対するドイツ求職者基礎保障の給付の取扱いについては，第7章3.(3) を参照されたい。

用者に対する雇用助成金の制度が「労働者の自由移動」に抵触するとの判断を示した。Schmidt-Krier 氏は，ルクセンブルク国籍の女性で，ルクセンブルク国境に近いドイツ領内に居住しながら，職業人生のすべてをルクセンブルクで送ってきた。この訴訟の原告は，この女性を 52 歳で雇用したルクセンブルクの企業（Caves Krier）である。この企業は，ルクセンブルクの労働行政機関（ADEM）に対し，45 歳以上の失業者を雇用した使用者に対して支給される助成金の支給の申請を行ったところ，その申請は認められなかった。その理由は，この助成金は，雇用された失業者が 1 ヵ月以上 ADEM に求職者として登録されていることを要件としており，この女性はこの要件を満たさないことにあった。この求職者としての登録を行うためには，ルクセンブルクに住所を有する必要があった。

　これに対して，司法裁判所はつぎのような判断を示した。

　「出稼ぎ労働者や越境労働者に住所を求めることは基本的に適切ではない。なぜならば，それらの労働者は，ある加盟国の労働市場に参入することによりその国の社会への十分な統合のきずなを築いた者であり，その国の労働者やその国に居住する労働者との関係において平等取扱いの原則の適用が受けられるからである。その国の社会への統合のきずなは，とりわけ，出稼ぎ労働者や越境労働者が受入国において行う就労をもとに税金を支払うこと，また，その国の社会政策上の措置に財政的に貢献することにより出来上がる。この訴訟の原告は，ルクセンブルクに居住していないとはいえ，ルクセンブルクの国籍を有する者であり，ルクセンブルクへの越境労働者として仕事をしてきた。その意味において，同人は，ルクセンブルクの労働市場に統合された者といえる。したがって，45 歳以上の失業者を雇用する使用者に対して助成金を支給す

11）　EuGH, Urteil vom 13.12.2012, Rs. C-379/11（Caves Krier Frères Sàrl）.

る条件として，当該失業者が国内に住所を有することを前提とする求職者としての登録を求める規定は，「労働者の自由移動」を保障する欧州連合運営条約第45条に反する。」

　以上の3つの判決からいえることは，加盟国は，アクティベーション措置を設けるにあたって，欧州連合運営条約の規定を考慮に入れなければならないということである。つまり，欧州連合運営条約が定める「労働者の自由移動」などに関する規定は，「社会保障制度の調整に関する規則」にいう失業給付に該当しないアクティベーション措置の基準となることを意味している。

4. 考察

　以上みたように，加盟国における労働市場の状況の変化や雇用政策の転換が加盟国間を移動する労働者に係る失業給付のあり方にも重要な課題を投げかけている。自国の労働市場の状況からみて，自国での求職活動に見込みがないと考える労働者が，労働者の不足する他の加盟国に行き，そこで求職活動を行うという選択肢を活用することは，今後一層増加するものと考えられる。しかし，本来，「労働者の自由移動」を促進することを目的とする「社会保障制度の調整に関する規則」の規定は，他の加盟国で求職活動を行う失業者に対する失業給付の支給にかなり制限的なものとなっている。このままでは，この規則自体が，失業者が他の加盟国で求職活動を行いそこで新たな職に就くことに適した内容となっていないために，むしろ，「労働者の自由移動」を制限する要因になりかねない。

　「社会保障制度の調整に関する規則」がこのような問題点を有していることは，従来から認識されてきた。しかし，現在までのところ小さな改善が行われたにすぎない。改善が進まない背景には，他の加盟国で求

職活動を行う失業者に失業給付の受給を認めることにより，十分な求職活動を行わないまま失業給付が受給される，「濫用」が起こることに対する各加盟国の根強い懸念がある。また，司法裁判所も失業給付に対する「給付の輸出」に関する規定の適用について消極的な態度をとっている。その理由は，司法裁判所が自らの判決が各加盟国に及ぼす経済的な影響に留意していることにあると考えられる（Schulte, 2014c: 115）。

　しかし，今日の労働市場の状況はこの規定が導入された時期とは大きく異なっている。また，加盟国労働行政機関および給付主体間の事務協力も，情報通信システムの発展により，当時よりもはるかにきめ細かく，かつ，効率的に実施することが可能となっている。このため，他の加盟国において求職活動を行う失業者に対しても，他の加盟国の労働行政機関および給付主体を通じて必要なサポートを行うとともに，活動状況を適切に監督することが可能となっている。このような変化を念頭において「労働者の自由移動」を推進する欧州連合運営条約の趣旨にかなった規定のあり方がさらに検討される必要があると考えられる。

　今日，ますます多くの加盟国で，雇用政策の分野におけるアクティベーションを推進するという方向の政策転換が進められている。また，加盟国の中には，失業率が非常に高くなっている国があり，そのような国の失業者が，職業訓練を受けた労働者を求めている他の加盟国で職を見つけるためには，他の加盟国でもアクティベーション給付を受けられることが有意義となる場合も少なくないと考えられる。したがって，アクティベーション措置を失業給付に含めることは，今後いっそう重要性が増すと考えられる領域への扉を開くことになる。しかし，このようなアクティベーション政策の発展は，これまでのところ，「社会保障制度の調整に関する規則」の本質的な改正にはつながっていない。

　司法裁判所の判決では，「社会保障制度の調整に関する規則」の対象とされていないアクティベーション措置の一部に欧州連合運営条約（その前身の欧州共同体設立条約を含む）を直接適用することにより，国境

を越えて移動する労働者にかかわる問題の解決が図られている。しかし，これはあくまでも個別の事案についての訴訟を通じた解決であり，国境を越えて移動する労働者が他の加盟国でも適切なアクティベーション措置を受けられるようにするためには，調整規則883/2004の改正とそれにもとづく加盟国間での事務協力が必要である。もちろん，それを実現するためには，アクティベーション措置を他の加盟国でどのようにして受けられるようにするのか，そのための実施体制をどのように構築するのか，受給できる者の範囲をどのように定めるのか，現物給付としても実施するのかなど，解決すべき様々な課題がある。しかし，これらはいつまでも答えのないままで済まされる問題ではなく，早急な検討が求められている。

第7章　社会給付の受給を目的とする移動
　　　──ソーシャルツーリズム

　2004年以降，EUの加盟国は旧東欧諸国にも拡大された。これにより，新規加盟国に対しても他の加盟国への人の自由移動が認められることになった。新規加盟国からの労働者の移動を制限する経過措置の期間もすでに終了し，新規加盟国からの労働者の自由移動が全面的に認められるようになっている。

　これにともない，ドイツなど従来からの加盟国では，自由移動の権利を用いて，所得水準が相対的に低い新規加盟国から社会給付を受ける目的で移動してくる者が増加し（ソーシャルツーリズム），社会給付のための財政的な負担が増大するのではないかとの懸念が広がっている。このような懸念は，イギリスのEUからの離脱（いわゆる「Brexit」）の決定などにも影響を及ぼしている。

　この章においては，このような問題を取り上げ，人の自由移動と社会給付の受給との関係について考察する。

1.　調整規則883/2004と社会給付の受給

(1)　他の加盟国国民の平等取扱い

　第2章3.で述べたように，欧州連合運営条約第48条は，欧州議会および理事会は「労働者の自由移動」を確立するために社会保障の分野において必要な措置を定めなければならないと規定している。また，同条は，この目的を達成するため，欧州議会および理事会は，国境を越えて

移動する労働者および自営業者ならびにその家族に対して，各国の国内法により給付受給権の取得・維持および給付額の算定のために考慮される期間を通算することならびに他の加盟国に居住する場合にも給付を行うことを保障する制度を導入するものと規定している。

この規定にもとづき制定された調整規則883/2004が社会保障制度の調整に関する具体的内容を定めている。調整規則883/2004第4条によれば，この規則の適用対象者は，他の加盟国の国民であっても，この規則が適用される社会保障の分野の法令にもとづき当該加盟国の国民と同じ権利および義務を有するものとされている（平等取扱い）[1]。

調整規則883/2004はすべての加盟国国民とその家族に適用される（第2条）。また，調整規則883/2004は，疾病給付，障害給付，老齢給付など同規則第3条第1項に掲げられる「社会保障」の各分野の給付に関して適用される。

(2) 社会扶助

調整規則883/2004は社会扶助に対しては適用されない（第3条第5項）。したがって，社会扶助には，同規則の「平等取扱い」に関する規定も適用されない。ただし，調整規則883/2004には「社会扶助」の定義規定はなく，何をもって「社会扶助」とするのかはかならずしも明確ではない。このようななかで，司法裁判所の判決において「社会保障制度の調整に関する規則」における「社会扶助」の解釈が行われている。

その重要な判決として，Frilli事件の判決（1972年）[2]をあげることができる。この訴訟の原告はイタリア人の女性で，ベルギーで就労したのち引退し，引き続きベルギーに居住していた。彼女は，就労にもとづ

---

[1] 欧州連合運営条約第18条は，この条約の適用範囲内における国籍を理由とするあらゆる差別を禁止している。規則883/2004第4条は，国籍にもとづくこの一般的な差別の禁止を社会保障の分野において具体化したものと解されている（Eichenhofer, 2015: 87）。
[2] EuGH, Rs. 1/72 (Frilli), Slg. 1972, 457.

く少額の老齢年金を受給するとともに，高齢者に対する最低所得保障の給付を申請した。この給付は，少額の年金の受給者である高齢者に対して一定の収入を保障するために支給されるものであった。この給付ための費用は，保険料ではなく，すべて国により負担された。この給付はミーンズテストを経て実施されるものであった。ただし，受給者がベルギー人か，あるいはベルギーと相互協定を締結した国の国民であることがこの給付の受給要件とされていた。イタリアとベルギーの間には相互協定は存在しなかったため，彼女はこの給付を受給できなかった。

　社会保障制度の調整に関して当時適用されていた「出稼ぎ労働者の社会保障に関する規則（規則3/58）」第8条は，現在の調整規則883/2004第4条と同様に「平等取扱い」について定めていた。この規定により，他の加盟国の国民も当該加盟国の国民と同じ権利および義務を有するとされ，加盟国は，給付の受給の可否や金額に関して他の加盟国の国民を不利に扱うような規定を設けることはできないとされた。ただし，本件の場合に「平等取扱い」が適用されるためには，原告が申請した高齢者に対する最低所得保障の給付が規則3/58の適用対象給付でなければならなかった。しかし，現在の調整規則883/2004の場合と同様に社会扶助は規則3/58の適用範囲から除外されていた（第2条第3項）。

　司法裁判所は，この給付が「社会扶助」に該当するかどうかについてつぎのような重要な判断を示した。

「この給付について定めた法令は，需要の存在を適用の重要な要件としており，また，就労期間，加入期間または保険料納付期間を要件としないなど，いくつかの点において「社会扶助」と一定の親近性を有している。しかし，社会扶助の場合に特徴的な個別のケースごとに判断することを規定していない点や，受給者に法的地位を認める点において，この法令は「社会保障」に近いものである。また，この法令は，社会保障の対象とならない者に最低生活水準を保障するという目的と同時に，十

分な社会保障の給付を受けられない者に追加的な所得を保障するという目的を有している。このように，この給付は，社会扶助と社会保障との両方の性格をあわせ持っている。したがって，対象者が国籍を有する国との間に相互協定が存在するか否かを給付要件とすることは，「平等取扱い」と相容れない。」

この考え方によれば，この給付は社会保障の性格も有していることから，この給付を受給するためには受給者がベルギーと相互協定を締結した国の国民でなければならないとすることは，「平等取扱い」に反することになる。

(3) 保険料によらない特別の現金給付

「社会保障制度の調整に関する規則」は，法令にもとづく現金給付について，受給権者またはその家族が管轄加盟国とは異なる加盟国に居住していることを理由として，減額し，変更し，停止し，取り上げまたは差し押さえることを禁止している（「給付の輸出」）。上記Frilli事件に関する司法裁判所の判決の考え方に立てば，社会保障の給付と社会扶助の給付の両者の性格をあわせ持つ，いわば「ハイブリッドな現金給付」にも「給付の輸出」の原則が適用されることになる。

しかし，「ハイブリッドな現金給付」に「給付の輸出」の原則を適用することには，加盟国からの反対があった。その理由は，加盟国が，このような給付は自らの国民に対する加盟国の社会政策上の責任にもとづき行うものであり，このような給付を他の加盟国に移動した者にまで行う義務を負いたくないと考えたためである（Fuchs, 2013b: 440）。このため，1992年には規則の改正が行われ，「ハイブリッドな現金給付」が「保険料によらない特別の現金給付」として位置づけられ，「社会保障制度の調整に関する規則」の適用対象とされた。この「保険料によらない特別の現金給付」には「平等取扱い」の原則が適用される一方で，「給

付の輸出」の原則は適用されないなど，他の適用対象給付の場合とは異なる取扱いが定められた。

2. 自由移動指令2004/38と社会給付の受給

　第1章3.で述べたようにEU市民の自由移動の具体的内容は，自由移動指令2004/38により定められている。同指令にもとづき他の加盟国に滞在するEU市民は，受入加盟国の国民と同じ取扱いを受けることができるとされており（第24条第1項），基本的には，受入加盟国の国民と同様に社会給付に対する請求権を有する。しかしながら，稼得活動に従事しないEU市民による社会扶助の受給に関しては，受入加盟国を不適切な負担から守るために特別の規定が定められている。

　それによれば，受入加盟国は，労働者または自営業者でない者であって滞在の最初の3ヵ月の間にあるものおよび求職のために3ヵ月を超えて滞在することが認められた期間内にあるものに対して社会扶助の給付を行うことを義務づけられない（第24条第2項）。つまり，これらの者に社会扶助の給付を行うかどうかは受入加盟国の判断に委ねられているわけである[3]。この規定は，自由移動の対象を稼得活動に従事しない者にまで拡大したことにより，これらの者が受入加盟国で税や社会保険料を負担している労働者や自営業者と同様に社会扶助の給付を受けられるようになることを防ぐ目的を有している。これにより，稼得活動に従事しないEU市民が社会扶助の給付を受けることを目的として他の加盟国に移動し，滞在することを防ぐことが可能になると考えられる。

　3ヵ月を超え5年までの滞在期間においても，労働者または自営業者に該当しないEU市民が受入加盟国で社会扶助を受給する可能性は実際には低い（Europäische Kommission 2013: 7）。なぜならば，このよう

---

[3]　自由移動指令2004/38の制定理由の（21）による。

な者が他の加盟国で3ヵ月を超えて滞在するためには,滞在中に自分および家族が受入加盟国の社会扶助の給付を受けなくて済むに十分なだけの資力を有し,かつ,包括的な医療保険の対象となっていることが条件とされ(第7条第1項b号),また,そのことを受け入れ加盟国の官署に対して,証明しなければならないからである(第8条第3項)。しかし,経済状態は時とともに変化するため,このようなEU市民であっても社会扶助を申請する場合が出てくる可能性がある。

3. 社会扶助の受給をめぐる司法裁判所の判決

(1) Brey事件

　他の加盟国国民による社会扶助の受給を扱った司法裁判所の判決としては,2013年に出されたBrey事件の判決[4]があげられる。この訴訟の原告は,ドイツ人の年金受給者でオーストリアに引っ越した者である。原告は,年金収入が一定額以下の場合にその金額をかさ上げするためにオーストリアで支給される調整加給金(Ausgleichszulage)を申請した。しかし,オーストリアの法律によれば,調整加給金を受給するためは,受給者がオーストリアに適法に滞在している必要があった。オーストリアの担当機関は,年金額が少ないために原告は十分な資力を有さず,オーストリアに適法に滞在する権利がないとして,調整加給金の支給を拒否した。

　これに対して,司法裁判所はつぎのような判断を示した。

　「オーストリアの調整加給金は,調整規則883/2004における「保険料によらない特別の現金給付」に該当する。しかし,このことは自由移動

---

4) EuGH, Urteil vom 19.9.2013, Rs. C-140/12 (Brey).

指令2004/38の解釈に影響を与えない。なぜならば，この両者は異なる目的を追求しているからである。自由移動指令2004/38における「社会扶助」は，国，地方または地域のレベルで成立する公的に設けられた援助であって，自分および家族の基礎的な需要を満たすために十分な生活の糧を得られない個人が受給するものであり，そのために滞在期間中に受入れ加盟国の公的財政に負担をかける可能性があるものである。したがって，調整加給金は自由移動指令2004/38における「社会扶助」の給付に該当する。

　稼得活動に従事しないEU市民に対して，3ヵ月を超えて適法に滞在する資格があることを社会扶助の給付を行う条件とすることはできる。しかしながら，社会扶助の給付を申請した者は十分な資力を有さず，それゆえに受入加盟国に滞在する権利がないと自動的に判断ことはできない。同指令が十分な資力を有することを滞在の条件としているのは，受入加盟国の社会扶助の給付が不適切に受給されることを防ぐことを目的としたものである。滞在する権利を有する者が一時的に金銭的な困難におちいった場合などに，社会扶助の給付が行われることにより受入加盟国の国民と他の加盟国の国民との間で一定の連帯が行われることは，同指令も認めるところである。滞在が適法かどうかを決定するためには，当該申請者の個人の状況[5]のみならず，当該申請者に特有の状況にもとづき給付を行うとした場合に，その国の社会扶助システム全体にどのような負担をもたらすことになるのかについての総合的な判断が求められる[6]。この場合には，他の加盟国国民であって申請者と同等の状況にある者が当該給付の受給者に占めることになる割合を把握することが重要となる。オーストリアの規定はこのような総合的判断について定めて

---

[5] 受給額，受給期間ならびに受給者が一時的に金銭的に困難な状況にあるのかどうかなどの要素が考慮される（Europäische Kommission 2013: 7）。
[6] 後者を加えることにより，司法裁判所は稼得活動に従事しないEU市民の滞在を違法であると決定するための要件をより厳しくしたと解することができる（Kubiki 2014: 2）。

いないため，EU法に違反する。」

つまり，この事件の場合には，司法裁判所は，原告個人の状況ならびに原告と同様の状況にある者に給付を行った場合の財政的な影響を考慮して給付を行うかどうかを判断すべきであるとしている。

(2) Dano事件

司法裁判所からは，2014年にも，稼得活動に従事しないEU市民に対する社会扶助の給付を扱ったDano事件の判決[7]が出された。この訴訟の原告はルーマニア人の女性とその息子（2009年生まれ）である。彼女は，2010年11月以降，ドイツで暮らしていた。彼女は，ルーマニアでもドイツでも働いたことがなく，習得した職業もなく，求職活動も行おうとしていなかった。彼女の収入は月額184ユーロの児童手当と133ユーロの「養育費の前払い（Unterhaltsvorschuss）」[8]だけだった。彼女は，15歳以上65歳[9]未満の稼得可能（Erwerbsfähig）[10]な者であって，自らの所得および資産，家族の援助，他の社会給付では生計が維持できないものを対象に，就労支援のための給付とあわせて，生活保障のための給付を行う求職者基礎保障（Grundsicherung für Arbeitsuchende）[11]の給付をライプチッヒのジョブセンターに申請した。し

---

[7] EuGH, Urteil vom 11.11.2014, Rs. C-333/13 (Dano).
[8] 「養育費の前払い」は，一人で18歳未満の子を養育する親がもう一方の親から養育費を受取れないまたは定期的に受取れない場合に行われる給付である。
[9] 1947年以降に生まれた者についてはこの年齢が65歳から段階的に引き上げられ，1964年以降に生まれた者については67歳とされる。
[10] 疾病・障害のために一般的な労働市場の通常の条件の下で少なくとも1日3時間働くことができない状態ではない者は稼得可能とされる（社会法典第2編第8条第1項）。
[11] 生活保障のための給付は個々の受給者の需要に応じて行われる。その対象になるのは，生活保障のための基準需要（食料，衣服，身だしなみ用品，家具など），妊婦，障害者などの追加需要，住まいおよび暖房のための需要ならびに教育・社会参加のための需要である。これらの需要のうち受給者の所得および資産ではカバーされない部分が給付の対象となる。

かし，この申請は，2011年9月に（3）で後述するドイツ社会法典第2編第7条第1項第2文第2号の規定にもとづき拒否された。このため彼女は，この申請拒否が国籍を理由とする差別を禁じた欧州連合運営条約第18条などの規定に反するとして提訴した。

　これに対して，司法裁判所は，他の加盟国国民が社会給付の受給に関して受入加盟国の国民と同等の取扱いを要求することができるのは，その者の受入加盟国での滞在が自由移動指令2004/38に定められた条件を満たす場合に限られるとの判断を示した。その理由は，つぎのとおりである。

　「求職者基礎保障の給付は，調整規則883/2004における「保険料によらない特別の現金給付」に該当するとともに，自由移動指令2004/38における「社会扶助」に該当する。同指令によれば，受入加盟国は稼得活動に従事しないEU市民の最初の3ヵ月までの滞在期間において社会扶助の給付を行うことを義務づけられていない。また，3ヵ月を超え5年までの滞在期間にあっては，稼得活動に従事しないEU市民が他の加盟国に滞在する権利は，その者が十分な資力を有するかどうかに依存している。これによって，稼得活動に従事しないEU市民が生計を賄うために受け入れ加盟国の社会保障制度を活用することが防止される。加盟国には，稼得活動に従事しないEU市民が，滞在する権利を行使するために必要な「十分な資力」を有しないにもかかわらず，社会扶助を受ける目的だけのために自由移動を活用しようとする場合には，社会給付の支給を拒否することが可能でなければならない。

　したがって，他の加盟国国民が自由移動指令2004/38により受入れ加盟国に滞在する権利を有しない場合には，同じ状態にある受入加盟国国民が当該「保険料によらない特別の現金給付」を受けられるにもかかわらず，他の加盟国国民を当該給付から排除する国内法の規定は，調整規則883/2004にも自由移動指令2004/38にも反しない。

この女性の場合には，十分な資力を有しておらず，そのため自由移動指令 2004/38 によりドイツに滞在する権利を主張することはできない。したがって，彼女は調整規則 883/2004 および自由移動指令 2004/38 に定められた「差別禁止」を主張することはできない。」

このように，この判決では，司法裁判所は申請者の個人の状況についての判断の必要性を指摘した前記 Brey 訴訟の場合とは異なる態度を示している。その違いには，Brey 訴訟の原告の場合は，自らの年金収入があるが，それだけでは生活するのに十分ではない状態であるのに対して，Dano 訴訟の原告の場合は，自らの収入はなく，受入加盟国の社会給付だけで生活する状態であることが反映されている可能性がある。

(3) Alimanovic 事件

2015 年に出された Alimanovic 事件の判決[12] においては，前述の Brey 事件および Dano 事件の場合とは異なり，自由移動指令 2004/38 にもとづき受入加盟国に滞在する権利を有する EU 市民に対する社会給付が争点となった。

この訴訟の原告はボスニア生まれの女性で，スウェーデン人と結婚し，スウェーデン国籍を取得した。彼女は，10 年以上スウェーデンに滞在した後，2010 年に子とともにドイツ（ベルリン）に移った。ベルリンで，未成年の 2 人の子は学校に通い，長女は母親と同様に臨時の仕事でかろうじて生計を立ててきた。母親および長女はかつて就労していたものの，その期間は 1 年未満であり，かつ，失業期間はすでに 6 ヵ月以上経過しているため，「労働者」ではなく，「求職者」としてドイツに滞在しているものとみなされる（第 1 章 3.（2）①参照）。両者は，求職者基礎保障の給付を申請したが，求職活動だけのためにドイツに滞在す

---

[12] EuGH, Urteil vom 15.9.2015, Rs. C-67/14（Alimanovic）.

る権利を有する外国人は給付を受けることができないとするドイツ社会法典第2編第7条第1項第2文第2号の規定を根拠に支給が拒否された。

この訴訟では、この社会法典第2編第7条第1項第2文第2号の規定がEU法に抵触しないかどうかが争われた。これに対して、司法裁判所はつぎのような判断を示した。

「求職者基礎保障の給付は、労働市場への参加を容易にするという機能をあわせ持つものではあるが、人の尊厳にふさわしい生活を保障するために基礎的な需要を満たすことがその優先的な機能とみなされることから、自由移動指令2004/38の「社会扶助」に該当する。

この母親と長女は、「求職者」に該当するため、同指令第14条第4項b号の規定から、引き続き求職活動を行い、雇用されることに根拠のある見通しがあることを証明できる限りにおいて、ドイツに滞在する権利を導き出すことができ、それにより同指令第24条第1項の平等取扱を受ける権利を得ることができる。しかしながら、同条第2項は、このような場合であっても加盟国が社会扶助の給付を行わないことを認めている。したがって、同指令第14条第4項b号に該当する状況にある他の加盟国国民を同指令の意味における「社会扶助」に当たる給付の受給から排除することは、平等取扱いの原則に反しない。」

司法裁判所は、このケースの場合にもBrey事件の判決で指摘したような申請者の個人の状況にもとづく判断の必要はないとの考えを示している。その理由は、労働者として活動できなくなったEU市民の他の加盟国での滞在については段階的なシステムがとられていることにある。つまり、自由移動指令2004/38第7条第3項によれば、労働者が非自発的失業の状態になった場合でも、すぐに労働者として滞在する権利を失うわけではなく、当該労働者のそれまでの就労期間に応じて引き続き労働者として滞在することができる期間が定められており[13]、その間は

社会扶助の請求権も維持される仕組みとなっている。司法裁判所は，このようなシステムを通じて申請者の個人の状況が考慮されていると判断した。

4. 移動等の実態

　欧州委員会の調査（Europäische Kommission, 2013）によれば，EU域内での人の移動の実態は，社会給付を受給するための移動がわずかな程度にとどまっていることを示している。2012年末では，EU市民のうち他の加盟国に居住する者の割合は2.8%にとどまっている。EU市民が自由移動の権利を行使する理由としては，「職業上の理由」が最も多い。他の加盟国に滞在するEU市民の大部分（78%）は，15歳から64歳までの就労年齢にあり，その割合は自国にいる者の場合（66%）よりも高い。また，他の加盟国に滞在するEU市民の就労率は67.7%と自国にいる者の就労率（64.6%）よりも高くなっている。他の加盟国に滞在するEU市民は，受入加盟国の国民ほどには社会給付を受給していない。彼らは，大部分の加盟国において受給する社会給付よりも多くの社会保険料や税を負担しており，その意味で受入加盟国の社会保障制度に財政的な貢献を行っているといえる（Schulte, 2014a: 478）。調整規則883/2004における「保険料によらない特別の現金給付」に該当するとともに，自由移動指令2004/38における「社会扶助」に該当する給付を受給する者の割合もわずかにとどまっている。また，社会給付の水準と他の加盟国からのEU市民の流入との間に統計的な関連性は見出せない。
　たとえば，上記Alimanovic訴訟で取扱われたドイツの求職者基礎保障の給付受給状況はつぎのようになっている（BMAS 2014: 30）。給付

---

13) 労働者としての滞在の最初の12ヵ月以内に非自発的失業となり，職業安定所に届け出た者の場合は，最低6ヵ月は労働者として滞在する権利が認められている。

受給世帯に属する者(稼得可能な給付受給権者および給付対象となる世帯員)の人数は，2013年現在，全体で613万人となっている。このうち，120万人(全体の19.6%)が外国人であり，29.3万人(4.8%)がドイツ以外のEU加盟国の国籍を有する者である。EU加盟国の国籍を有する者のなかでは，ポーランド人(7万人)，イタリア人(6.3万人)およびギリシア人(3.9万人)が多数を占めている。給付受給世帯に属する外国人の数は，2010年以降2012年までは減少したが，2013年には再び小幅な増加に転じている。ブルガリア人およびルーマニア人であって求職者基礎保障の給付を受給している者は，2013年4月から2014年4月までの間に約2.3万人増加した(増加率66%)。この受給者数の増加は，おもにドイツに居住するブルガリア人およびルーマニア人の総数が増加したことによるものである。2014年3月現在，ドイツ居住者全体に占める求職者基礎保障の給付受給者の割合は7.5%となっている。これに対して，ドイツに居住するブルガリア人およびルーマニア人に占める給付受給者の割合は12.9%(同年4月現在)となっている。しかし，この割合は，他の国々も含めた外国人居住者全体に占める給付受給者の割合(16.3%)に比べると低い水準にとどまっている

5. 考察

以上のように，内部に国境のない域内市場の実現を目指し，人の自由移動を保障しているEUにおいても，EU市民が他の加盟国に移動し，そこで社会扶助を受給することが問題となっている。たとえば，ドイツのベルリンで長年にわたり居住していた者が国内で移動し，ミュンヘンに居住し社会扶助の給付を受けることになったとしても，通常はそのことが問題とされることはない。これに対して，EU市民が他の加盟国に移動し，社会扶助を受給することがこれと同様のものとして受け入れられない理由はどこにあるのだろうか。

欧州においては，近代国家の成立以来，社会保護を行うことは国家の責務として位置づけられてきた。EUにおいても，各加盟国は社会保障制度を国内制度として自らの責任で構築し，実施しており，加盟国の枠を越えたEUとしての制度，たとえばEU社会扶助制度のようなものが存在するわけではない。また，各加盟国は自らの制度に対する財政的な責任を負っており，そのために必要な費用について加盟国間での財政的な調整が行われるわけでもない。しかも，加盟国間には所得水準だけでなく，社会保障の給付水準にも大きな格差が存在するため，社会給付を求める人の動きはもっぱら水準の低い加盟国から高い加盟国へと向かうことになる。これらのことが，他の加盟国から移動してくるEU市民に対する社会給付のために生じる財政負担を，相互に起こりうる問題として各加盟国，とりわけ所得や給付の水準の高い加盟国が受け入れることを難しくしていると考えられる。
　他の加盟国に移動するEU市民のなかでも，特に稼得活動に従事しない者による社会給付の受給が問題とされるのは，受入加盟国への定着度や社会保障制度への財政的な貢献の程度が低いことが背景にあると考えられる。他の加盟国の国民であっても，受入加盟国で稼得活動に従事する者は，受入加盟国の国民と同様に社会保険料や税を負担することにより，社会保険制度や税による給付制度に対して財政的な貢献を行っている。このため，それらの者が社会給付を必要とする状態になった場合に受入加盟国の社会給付を受けることについては，受入加盟国国民の理解が得やすい。これに対して，受入加盟国において長年生活を営んできたわけでもなく，社会給付の受給を目的として移動してきた者に対して社会給付を行い，そのための財政的な負担を負うことについては，受入加盟国国民の中に抵抗を感じる者が少なくないと思われる。
　2004年以降，EU加盟国は旧東欧諸国にまで拡大し，新規加盟国国民に対しても移動の自由が認められている。このことは，社会給付の受給を目的として所得や給付の水準が低い新規加盟国から所得や給付の水準

が高い既加盟国に移動する人が増加し，それによって受入加盟国における財政負担が増加するのではないかとの懸念を生じさせた。

　しかしながら，法制度的には，EU市民の域内での移動について定めた自由移動指令2004/38において，稼得活動に従事しないEU市民が社会扶助を受給するために他の加盟国に移動することを防止し，受入加盟国に不適切な財政負担が生じないようにするための規定が設けられている。しかも，司法裁判所は，社会給付に対する平等取扱い原則の適用に慎重であり，社会扶助の受給のために流入する者から自国の公的財政を守ろうとする加盟国の意向を尊重して，自由移動の権利の制限を認めようとしているように思われる。また，人の移動や給付受給の実態からみても，かならずしも懸念されていたような事態が生じているとはいえない。

　そうであるにもかかわらず，この問題が広く注目を集めることになった背景には，政治的な動機が存在していた。たとえば，ドイツでは，2013年に行われたドイツ連邦議会選挙およびバイエルン州議会選挙，さらには2014年に行われた欧州議会選挙の選挙戦において，保守系の政治家は「社会保障制度への移民（Zuwanderung in soziale Sicherungssysteme）」という問題や社会給付の相当の濫用が行われているという議論を通じて，人の移動を制限するような政策を打ち出すことにより有権者の支持を獲得しようとした。また，実際に多くの票を獲得することに成功した。この議論においては，他の加盟国から移動してくるEU市民のなかでも，特に社会給付を受けるためにドイツに来る者に焦点があてられ，それらの者によって社会給付請求権の濫用が行われ，それが受け入れる地方自治体にとって相当の財政負担となっていることが強調された。

　そもそもEUにおいて加盟国間での人の移動が促進される理由は，それが所得水準の相対的に低い国だけでなく，所得水準の相対的に高い国の経済にも望ましい効果をもたらすと期待されるからである。また，労

働者や自営業者のように稼得活動に従事する者だけでなく，稼得活動に従事しない者を含めた自由な移動が促進される理由は，それが国民全体の利益につながると期待されるからである。また，現にEU加盟国国民の多くは，人の自由移動が自国の経済に利益をもたらすものと評価している（Europäische Kommission, 2013: 3）。

このような利益が期待される「人の自由移動」を促進するためには，社会給付の受給について相手国国民とその国の国民を平等に取扱うことが重要な手段のひとつとなる。しかし，稼得活動に従事しない者が社会給付を受けるために移動することにより受入加盟国に不適切な財政負担が生じることを避けるために，たとえば労働者や自営業者も対象に含めた制限が過度に行われるようなことになれば，それによって，EUが保障する基本的自由の一つである「人の自由移動」が損なわれるおそれがある。したがって，あくまでもEUにおける「人の自由移動」を促進することを前提としつつ，各加盟国を不適切な財政負担から保護することができる仕組みを構築していくことが重要な課題となっている。

第8章　賃金・社会ダンピングの防止

　国際的な経済環境の変化などにともない国境を越えて移動する労働者が増加することに対応して，このような労働者に関する適切な賃金や社会保険料の支払いを確保することが喫緊の課題となっている。そのことは，労働者の保護のみならず，労働者を雇用する事業主間での公正な競争の維持や社会保険の財源である社会保険料収入の確保にとっても重要な意味を持っている。

　EU加盟国の一つであるオーストリアは旧東欧諸国と隣接し，歴史的にも深いかかわりを有している。オーストリアでは，2004年にEUに新規加盟した旧東欧諸国からの労働者の移動に関して7年間の経過措置が設けられていたが，2011年にはこの期間が終了し，新規加盟国の労働者にもオーストリアで自由に就労することが認められることになった。このため，オーストリアに大量の労働者が流入し，最低基準以下の賃金で就労するケースが大幅に増加することが懸念された。

　この章では，旧東欧諸国からの労働者の移動に関して多くの議論が行われているオーストリアを取り上げて，賃金・社会ダンピングを防止するために実施されている対策について検討する。

1. EU加盟国の拡大と自由移動に関する経過措置

　2004年5月にはエストニア，ラトビア，リトアニア，ポーランド，スロバキア，スロベニア，チェコ，ハンガリー，マルタおよびキプロスの10ヵ国がEUに新規加盟した。このEU加盟国の拡大に際しては，

既加盟15ヵ国と新規加盟国との間で,「労働者の自由移動」および「サービスの自由移動」に関して経過措置を設けることが合意された。この結果,既加盟国は,外国人労働者の国内労働市場への参入および国境を越えるサービス提供を規制する国内法[1]の規定を最長7年間の経過期間内においては新規加盟国国民に対して引き続き適用することが可能とされた[2]。

ただし,マルタおよびキプロスに対しては,この経過措置は適用されなかった。したがって,両国にはEUへの加盟によって直ちに「労働者の自由移動」および「サービスの自由移動」が適用され,これにより両国国民は既加盟国で就労するために当該既加盟国の当局から就労許可を得る必要がなくなった。

2007年1月に新規加盟したブルガリアおよびルーマニアならびに2013年7月に新規加盟したクロアチアからの自由移動に関しても,それぞれの国の加盟時点で既加盟国であった国は最長で7年間の経過期間内において制限を設けることが認められている。

オーストリアでは,2004年のEU新規加盟国のうちマルタおよびキプロスを除く8ヵ国(以下「新規加盟8ヵ国」という。)に対しては,2011年4月までの経過措置,また2007年に新規加盟したブルガリアおよびルーマニアに対しては2013年12月までの経過措置がそれぞれ設けられていた(図表8-1)。さらに,2013年に新規加盟したクロアチアに対しても同様に経過措置が設けられており,最長で2020年6月まで適用される。

新規加盟8ヵ国に対して最長(7年)の経過措置を設けたのは,既加

---

1) オーストリアの場合には,後述する外国人就労法がこれに該当する。
2) この期間のうち,最初の2年間はそれぞれの国が国内法の適用を決定することができる。つぎの3年間においても国内法の適用を継続するためには,欧州委員会への通知が必要とされている。続く2年間においても国内法の適用を継続するためには,自由移動により国内労働市場が問題に直面することを欧州委員会に通知しなければならないとされている。

図表 8-1 「自由移動」の新規加盟国への適用(オーストリアの場合)

EU 加盟日	加盟国	経過措置の終了日	自由移動の適用日
2004 年 5 月 1 日	エストニア、ラトビア、リトアニア、ポーランド、スロバキア、スロベニア、チェコ、ハンガリー	2011 年 4 月 30 日	2011 年 5 月 1 日
2004 年 5 月 1 日	マルタ、キプロス	経過措置の適用なし	2004 年 5 月 1 日
2007 年 1 月 1 日	ブルガリア、ルーマニア	2013 年 12 月 31 日	2014 年 1 月 1 日
2013 年 7 月 1 日	クロアチア	2020 年 6 月 30 日*	2020 年 7 月 1 日*

*:経過措置が最大限延長された場合。
出典:著者作成。

盟国ではオーストリアのほかにはドイツしかない。他のすべての既加盟国は,それよりも早い時期に新規加盟国国民の国内労働市場への自由な参入を認めた。

「サービスの自由移動」に関する経過措置の適用は,サービス提供者が雇用する労働者をオーストリアに派遣することにより一時的なサービスの提供を行う場合に限定された。このため,サービス提供者である自営業者が自らオーストリアにおもむき一時的なサービス提供を行う場合は,経過措置にもとづく制限の対象とはならなかった。

なお,この経過措置による制限の対象は,あくまでも,オーストリアにおいて労働者として就労を行う場合であり,オーストリアで就労せずに滞在することについては,新規加盟国国民に対しても EU 加盟により直ちに既加盟国国民と同等の権利が認められた。また,オーストリアにおいて自営業者として活動することも,新規加盟国国民に対して EU 加盟により直ちに認められた。この場合,オーストリアで開業する者は,開業後 3 ヵ月以内に外国人局(Fremdenbehörde)へ届け出なければならない[3]。

---

3)「サービスの自由移動」と「開業の自由」との区分については,第 1 章 1. (2) および (3) を参照されたい。

2. 経過措置の終了

(1) 労働者の自由移動

　経過措置が終了したことにより，2011年5月からは新規加盟8ヵ国の国民にも「労働者の自由移動」が完全に適用され，新規加盟8ヵ国の国民はオーストリア国民と同様にオーストリアにおいて就労する権利を有することになった。この結果，労働市場への参入，就労，報酬支払い，その他の労働条件に関して，新規加盟8ヵ国の労働者とオーストリア人労働者との間で国籍の違いを根拠として異なる取扱いを行うことは認められなくなった。

　これを受け，外国人の就労について規定する外国人就労法[4]が改正され，新規加盟8ヵ国国民はオーストリア国民およびEU既加盟国国民と同様にオーストリアで就労許可[5]なしに就労することが可能となった。あわせて，新規加盟8ヵ国国民に対してすでに出されていた外国人就労法にもとづく就労許可は効力を失った。

(2) サービスの自由移動

　オーストリアに労働者を派遣することにより一時的なサービスの提供を行う場合の「サービスの自由移動」の制限措置も，2011年4月末をもって終了した。これにより，新規加盟8ヵ国の国民は，EU既加盟国国民と同様に，一時的なサービス提供のために外国人就労法にもとづく許可または確認なしにオーストリアに派遣されることが可能となった。ただし，派遣するサービス提供者の国籍と派遣される労働者の国籍は必

---

[4] Ausländerbeschäftigungsgesetz, BGBl. Nr. 218/1975.
[5] 外国人に対する就労許可は，職業紹介や失業給付を行う機関である「労働市場サービス（Arbeitsmarktservice）」が担当している。

図表 8-2 「サービスの自由移動」に関する経過措置の終了による効果

派遣される労働者	終了前/後	経済分野	サービス提供者	
			既加盟国の提供者	新規加盟8ヵ国の提供者
既加盟国国民	終了前		許可・確認は不要	許可・確認は不要（b）
	終了後		許可・確認は不要	許可・確認は不要（b）
新規加盟8ヵ国国民	終了前	保護されない分野	EU派遣確認（a）	EU派遣確認（d）
	終了後		許可・確認は不要（a）	許可・確認は不要（d）
	終了前	保護された分野	EU派遣確認（a）	派遣許可・就労許可（c）
	終了後		許可・確認は不要（a）	許可・確認は不要（c）

出典：著者作成。

ずしも同じとは限らないことから，経過措置の終了によりどのような変化が生じたかは，つぎのようなケースに区分して確認しておく必要がある（図表8-2）。

まず，既加盟国に所在するサービス提供者が新規加盟8ヵ国の国民をオーストリアに派遣する場合（例：ドイツの会社が雇用するポーランド人労働者をオーストリアに派遣するケース，図表8-2の（a））には，従来はEU派遣確認（EU-Entsendebestätigung）[6]が必要であったが，経過措置終了後は許可・確認を必要としなくなった。

つぎに，新規加盟8ヵ国に所在するサービス提供者が既加盟国国民をオーストリアに派遣する場合（例：ハンガリーの会社が雇用するドイツ人労働者をオーストリアに派遣するケース，図表8-2の（b））には，従来どおり許可・確認は必要ない。

新規加盟8ヵ国に所在するサービス提供者が新規加盟8ヵ国の国民をオーストリアに派遣する場合（チェコの会社が雇用するチェコ人労働者をオーストリアに派遣するケース）の取扱いについては，従来は経済分野によって異なっていた。すなわち，当該サービスの提供が「保護され

---

[6] EU派遣確認は，サービス提供者による事前の届出にもとづき「労働市場サービス」により行われる。その際には，オーストリアの労働条件および社会保険に関する規定が遵守されることなどが条件となるが，オーストリア労働市場に与える影響は考慮されない。

た経済分野」で行われる場合（例：社会サービス，在宅看護，図表 8-2 の（c））には派遣許可（Entsendebewilligung）または就労許可（Beschäftigungsbewilligung）[7] が，「保護されない経済分野」で行われる場合（例：理髪，図表 8-2 の（d））には EU 派遣確認が必要とされた。これに対して，経過措置終了後は許可・確認は必要なくなった。

3. 賃金・社会ダンピング対策法

(1) 背景

オーストリアでは，ほとんどすべての労働者が団体協約の対象になっているにもかかわらず，労働者が行った労働に対して支払われるべき水準の報酬を受け取れないことが繰り返し問題となっている（WGKK, 2017: 1）。これによって，現在受け取れる報酬が減少するだけでなく，本来の報酬に見合った社会保険料も支払われなくなるため，労働者が将来受け取れる年金額も減少する（Wiesinger, 2016: 8）[8]。このような賃金・社会ダンピングは，当該労働者にとって大きな問題であるだけでなく，事業主間の公正な競争を損なうことにより，経済全体にも悪影響を及ぼすおそれがある。なぜならば，基準を下回る賃金しか支払わない事業主は，オーストリアの法律や団体協約を順守する事業主よりも競争上優利な立場に立つことができるからである。

---

[7] 当該労働者を派遣する前提となるプロジェクト全体の期間が 6 ヵ月を超えず，かつ，個々の労働者の従事期間が 4 か月を超えない場合には派遣許可が，それ以外の場合には就労許可が必要となる。この両者の場合には，オーストリアの労働条件を害さないこと，団体協約で定められた賃金の最低基準が順守されることのほかに，オーストリア国内の労働市場においては予定される仕事に適切な労働力を確保することができないことが前提条件となる。

[8] 基準を下回る賃金に見合った額の社会保険料さえ支払われないことは，「社会詐欺（Sozialbetrug）」と呼ばれている。実際には賃金・社会ダンピングは社会詐欺をともなう場合があるが，つねにそうとは限らない（Wiesinger, 2016: 9）。

労働者が正当な賃金の支払いを受ける権利を保護するための手段としては，つぎのようなものが従来から存在している。その一つは，事業主からの社会保険料の徴収を担当する地域疾病金庫（Gebietskrankenkasse）が，社会保険に関する審査の枠内で賃金が適切であるかどうかを審査することである。もう一つは，労働者が支払われるべき賃金の支払いを求めて労働・社会裁判所に訴えることである。さらに，不当な賃金支払いは刑事罰の対象にもなりうる。つまり，他者の苦境，無思慮，経験不足または判断力不足に付け込んで，賃金の価値とは明らかに釣り合いのとれない労働の提供を約束させることは，刑法第155条（不当利得）に触れる可能性がある。

　しかしながら，実際には，事業主は適切な賃金を支払わないとしてもその帰結をさほどおそれる必要はなかった。なぜならば，仕事を失う心配があるため労働者が法的な手段を取ることはまれであり，加えて地域疾病金庫の審査の結果にもとづき社会保険料の追加徴収が行われたとしてもそのための費用はわずかなものにすぎないからである。

　適切な賃金の支払いを確保するためのこのような仕組みは，特に，事業主がオーストリアに所在しない場合や，オーストリア社会保険法の適用を受けない労働者[9]を雇用している場合には必ずしも有効には機能していなかった。なかでも，国外の事業主に対する監督や罰則を実行することは非常に難しかった（Nadlinger, 2011: 54）。また，裁判による権利の行使や地域疾病金庫による審査も十分でないことなどから，不適切な賃金支払いが見過ごされてきた部分がある。

　これに加えて，2011年4月末に「労働者の自由移動」に関する前述の経過措置の適用が終了し，新規加盟8ヵ国の労働者にもオーストリア労働市場が開放されることにより，それらの加盟国から大量の労働者が仕事を求めてオーストリアに移動し，賃金・社会ダンピングが増加する

9） 他の加盟国に所在する事業主によりオーストリアに派遣され，短期間就労する労働者には引き続き当該他の加盟国の法令が適用される。

ことが懸念された（Kühteubl, Wieder, 2001: 209）。その理由は，そのような賃金であっても，新規加盟8ヵ国で正規に働くよりもはるかに高い賃金になるためである。

このような事態が進展することに対処するため，ソーシャルパートナーである労働総同盟（Gewerkschaftsbund），労働者協会（Arbeiterkammer），経済協会（Wirtschaftskammer）および農業協会（Landwirtschaftskammer）は，2007年10月に取りまとめた「労働市場―未来2010年」[10]において，賃金・社会ダンピングを回避する観点から，実際に支払われている賃金に関して処罰をともなう監督を法的に規定することや，賃金に関する資料の就労場所への備えつけを義務づけることなどを提案した。

また，2008年12月に当時の連立政権の成立にともない合意された「第24立法期間のための政府プログラム（Regierungsprogramm für die XXIV. Gesetzgebungsperiode）」では，競争のゆがみを防ぎ，社会保障の財政基盤を維持する観点から，賃金・社会ダンピング対策が重要な課題であると位置づけられ，ソーシャルパートナーの同意を得て，賃金・社会ダンピング対策の改善と体系化を図ることとされた。

さらに，2010年10月に行われた「2010年バート・イシュル対話（Bad Ischler Dialog 2010）」では，政府の担当省庁により取りまとめられた賃金・社会ダンピング対策法案を基礎とした具体的な対策がソーシャルパートナーにより合意された[11]。

このような経緯を経て賃金・社会ダンピング対策法[12]が制定され，

10） Österreichscher Gewerkschaftsbund, Arbeiterkammer Österreich, Wirtschaftskammer Österreich, Landwirtschaftskammer Österreich, Arbeitsmarkt-Zukunft 2010, Wien, am 2. Oktober 2007. (http://www.sozialpartner.at)
11） Wirtschaftskammer Österreich, Bundesarbeitskammer, Österreichischer Gewerkschaftsbund, Landwirtschaftskammer Österreich, Einigung der Österreichischen Sozialpartner zur Bekämpfung von Lohn- und Sozialdumping und zur Schaffung eines kriteriengeleiteten Zuwanderungsmodells (Rot-Weiß-Rot-Card). (http://www.sozialpartner.at)

労働契約法調整法[13]，一般社会保険法[14]などに賃金・社会ダンピングの防止に関する規定が盛り込まれることになった[15]。同法は，新規加盟8ヵ国の国民に対してオーストリアの労働市場が開放された2011年5月1日に施行された。

さらに，2017年1月には，それまで労働契約法調整法などに盛り込まれていた賃金・社会ダンピング対策に関するすべての重要な規定をまとめた一つの独立した法律として，賃金・社会ダンピング対策法[16]が施行された。

(2) 目的

賃金・社会ダンピング対策法の目的は，労働者に対する適切な賃金の支払いを確保することであり，特に，新規加盟国国民への労働市場の開放にともない賃金や社会保険に関する基準への違反が増加することを防止する目的を有している。このため，賃金支払いに関する監督が強化されるとともに，オーストリアで就労する労働者に団体協約などにより定められている基準を下回る賃金しか支払わないことで競争上の優位に立とうとする国内外の事業主に行政罰が科されることとなった。また，行政手続きや行政罰の実行を確保するための様々な措置が設けられた。

しかし，この法律は，経過措置の終了にともない新たに流入する外国人労働者だけでなく，すでにオーストリアに滞在し就労している労働者にも適用される。後者のうち低い職業資格しか持たない労働者は，新たな労働者が流入することによる影響を受けることになり，仕事を失う恐怖から，賃金が基準を下回る場合に法的な手立てを講じることや相談の

---

12) Lohn- und Sozialdumping-Bekämpfungsgesetz, BGBl. I Nr. 24/2011.
13) Arbeitsvertragsrechts-Anpassungsgesetz, BGBl. Nr. 459/1993.
14) Allgemeines Sozialversicherungsgesetz, BGBl. Nr. 189/1955.
15) この法律には各政党も賛成した。ただし，右派政党は，このような措置では十分でないとして，新規加盟8ヵ国に適用されている経過期間をさらに延長することを主張した。
16) Lohn- und Sozialdumping-Bekämpfungsgesetz, BGBl. I Nr. 44/2016.

機会を利用することが少ないと考えられる。このため，このような労働者についても同法による保護の対象とする必要があった。

また，この法律により導入された行政罰は，サービス提供のために労働者をオーストリアに派遣する国外の事業主だけでなく，オーストリアで労働者を雇用する国内の事業主にも適用される。

この法律が予防的な効果を発揮することにより，オーストリアで働くすべての人が支払われるべき水準の報酬を受け取れるようになることが期待されている。また，これらの措置によって，オーストリアで就労するオーストリア人労働者および外国人労働者に同等の労働条件・賃金を保障することとあわせて，企業間での公正な競争を維持し，社会保険料の納付を確保することが目指されている（Kuzmich, 2012: 475）。

(3) 内容

賃金・社会ダンピング対策法の内容は複雑であるが，ここでは，重要な点に絞ってその概要を説明する。

賃金・社会ダンピング対策法により，オーストリアで活動する事業主に対しては，国内の事業主であるか，国外の事業主であるかを問わず，法律，政令または団体協約[17]にもとづき各人の等級区分に応じて支払うべき最低賃金を支払っているかどうかが「賃金に関する資料（Lohnunterlagen）」にもとづき厳格に審査される。賃金に関する資料には，労働契約および業務票（Dienstzettel）[18]のほか，労働時間記録，

---

[17] 団体協約は，当該業種のすべての労働者を対象に労働組合と事業主団体である経済協会との間で毎年交渉し，合意される。その中では，当該業種のすべての労働者に適用される賃金および労働条件の最低基準が定められる。オーストリアの労働組合は，毎年450を超える団体協約を締結している。このように業種ごとにすべての労働者に適用される最低基準を定めることにより，労働者を搾取や賃金ダンピングから保護している。団体協約で定められている賃金の額は，たとえば，建設労働者の場合には，2013年で専門労働者（Facharbeiter）のa区分で1時間14.16ユーロ，建設補助労働者（Bauhilfsarbeiter）で1時間10.97ユーロとなっている。

図表 8-3　罰金額(労働者一人当たり)

	該当する労働者が3人以下	該当する労働者が4人以上
違反が初めての場合	1,000 ～ 10,000 ユーロ	2,000 ～ 20,000 ユーロ
違反が繰り返された場合	2,000 ～ 20,000 ユーロ	4,000 ～ 50,000 ユーロ

出典:著者作成。

賃金記録および賃金支払い証明(たとえば,銀行振込証,口座支出証明書)などが該当する。

　もし,実際の賃金が本来支払うべき賃金を下回る場合には,事業主に対して,該当する労働者一人当たり1000ユーロから1万ユーロまでの罰金(行政罰)が科せられる[19]。ただし,違反が繰り返された場合や4人以上の労働者に支払われる賃金が罰金の対象に該当する場合には,より高額の罰金が科せられる(図表8-3)。こうした罰金の支払いに加え,当該事業主は本来支払うべき賃金にもとづき算定された社会保険料に不足する分を追加払いすることが義務づけられる。

　ただし,基準を下回る程度がわずかで,支払うべき賃金との差額が事後的に埋め合わせられ,かつ,違反が初めての場合には,管区行政当局(Bezirksverwaltungsbehörde)は当該事業主に対する罰金を免除することができるとされている。

　一般社会保険法による被保険者である労働者[20]に支払われる賃金の監督は,当該被保険者を管轄する地域疾病金庫による賃金に関する一般的な審査のなかで,または特別調査により行われる。賃金の監督のため

---

18) 業務票は,労働関係から生じる重要な権利および義務を記した書類である。雇用主には労働者に対して業務票を交付することが法的に義務づけられている。
19) この行政罰が導入されたあとも,労働者は従来どおり賃金の不足分の支払いを求めて裁判所に訴えることが可能である。
20) オーストリアにおいて事業主の下で就労する労働者には一般社会保険法にもとづく社会保険への加入義務が課されている。他の加盟国に居住し,オーストリア国内の就労場所に通う者にも調整規則第883/2004により就労地の法,すなわちオーストリアの一般社会保険法が適用される。ただし,他の加盟国で就労していた者が事業主によりオーストリアに派遣され,当該事業主の責任の下で働く場合には,24ヵ月に限り,引き続き当該他の加盟国の法が適用される。

に，地域疾病金庫は，事業所などに立入り，必要な情報を求め，必要な資料を閲覧し，引き渡しを求めることが認められている。事業主がこれらを拒むときは，行政罰[21]が科せられる。

　一方，外国の事業主により一定期間オーストリアに派遣され，オーストリアの社会保険への加入義務が存在しない労働者に支払われる賃金の監督は，ウィーンの地域疾病金庫に設けられた「賃金・社会ダンピング対策管轄センター（Kompetenzzentrum Lohn- und Sozialdumping-Bekämpfung）」により行われる。同センターが行う賃金の監督のための現場での調査については，税務監察当局が担当する。税務監察当局には，この調査のために事業所などに立ち入り，必要な情報を求め，必要な資料を閲覧し，引き渡しを求める権限が認められている。事業主がこれらを拒む場合には，行政罰[22]）が科せられる。

　また，外国の事業主は，オーストリアで労働者の雇用を継続しているかぎりはその就労場所においてドイツ語で書かれた「賃金に関する資料」を備えておかなければならない。この義務に違反した場合にも行政罰（1000ユーロから1万ユーロまでの罰金[23]）が科せられる。

　地域疾病金庫または賃金・社会ダンピング対策管轄センターは，上記の監督を通じて団体協約などで定められた最低基準を下回る賃金が支払われていることを確認した場合には，管区行政当局に告発しなければならない。告発にもとづき当該事業主に行政罰を課するかどうかの決定は管区行政当局が行う。管区行政当局が行った行政罰の決定に不服がある場合には，不服審査が認められている。不服審査は，決定を行った管区行政当局が所在する州の独立行政評議会（Unabhängiger Verwaltungs-

---

[21]　立入りまたは情報提供の拒否の場合は1000ユーロから1万ユーロまで（違反が繰り返された場合には，2000ユーロから2万ユーロまで），資料の閲覧または引き渡し拒否の場合は500ユーロから1万ユーロまで（1000ユーロから2万ユーロまで）の罰金が科せられる。
[22]　同上
[23]　違反が繰り返された場合には，2000ユーロから2万ユーロまでの罰金が科せられる。

senat）が担当する。さらに，不服審査の決定に不服がある場合には，行政裁判所または憲法裁判所に訴えることも可能である。

　外国の事業主であって，4人以上の労働者に最低基準を下回る賃金を支払った者，または労働者に最低基準を下回る賃金の支払いを繰り返した者は，管区行政当局により，オーストリア国内で事業活動を行うことが最低1年間（最長5年間）禁じられる。この禁止に違反した場合にも行政罰（2000ユーロから2万ユーロの罰金）が科せられる。

　なお，これまでに，賃金が基準を下回っていることを理由として，1167件に行政罰を課す通知が行われ，計1100万ユーロを超える罰金が課されており[24]，上記の賃金・社会ダンピング対策は，これまでのところ，賃金・社会ダンピングに対して一定の成果をあげている。一方，国外の事業主に罰金を課す手続きの問題や，事務手続きの煩雑さを指揮する声がある。

4．考察

　労働者の自由移動を促進するために制定された「社会保障制度の調整に関する規則」では，加盟国の国境を越えて移動する労働者に対して，複数の加盟国の法令が適用されることやいずれの加盟国の法令も適用されないことがないように，「適用法の決定」に関する規定が設けられている。これにより，このような労働者には一つの加盟国（就労加盟国）の法令が適用され，当該加盟国（管轄加盟国）において当該労働者に関する社会保険料の納付義務が発生する。つまり，当該労働者には本来はその加盟国で支払われるべき賃金が支払われ，その賃金に見合った社会保険料が，当該加盟国の社会保険法にもとづき算定され支払われるはず

---

[24]　2016年4月に，政府から国民議会（Nationalrat）に提供された法案の付属資料（1111 der Beilagen XXV. GP - Regierungsvorlage - Vorblatt und WFA, S.3.（https://www.parlament.gv.at））による。

である。また，そのことにより，当該労働者とその家族の生活が維持され，将来の年金給付等も保障されることになっている。

　法的にはこのような仕組みが採られているにもかかわらず，実際には，その加盟国で定められた基準を下回る賃金での就労が行われ，その低い賃金に対応した社会保険料しか納付されないという問題が生じる可能性がある。それにとどまらず，このような低い水準の社会保険料さえ納付されないケースが起こりうる。このような問題は，特に賃金・所得水準の低い国から賃金・所得水準の高い国に来て就労する労働者に生じやすい。

　賃金・社会ダンピング対策法は，EU新規加盟8ヵ国国民がオーストリアで就労許可・確認を受けることなく自由に就労できるようになることにともない，賃金の最低基準や適切な社会保険料の納付が遵守されないケースの増加が危惧されたことを背景として制定されたものである。しかし，この法律は，新規加盟8ヵ国から流入する労働者に関して，賃金の最低基準を遵守し，社会保険料を納付する義務を新たに定めたものではなく，従来から設けられているこれらの義務が実際に履行されることを確保しようとするものである。そのための中心的な手段とされているのは，監督の強化と違反行為に対する行政罰の適用である。注目されることは，この監督が社会保険料の徴収を担当する地域疾病金庫に委ねられていることである。同疾病金庫は社会保険料の徴収を通じて事業主によるの賃金の支払いに関する情報を有していることから，その確認のための調査を適切に実施できる立場にある。また，オーストリアの社会保険が適用されない労働者に関しては，税務監査当局との連携を図ることにより，賃金の支払いに関する実態把握が行われている。職を失うことをおそれる低賃金労働者からの情報提供を待つのではなく，このように関係当局が連携して賃金支払いの実態を把握することにより，賃金の最低基準の遵守や適正な社会保険料の納付に関する監督を強化したことが特に注目される点である。

このことは，国境を越えて移動する労働者に関しては，社会保障制度の調整にとどまらず，関係機関が連携して，国境を越えて移動する労働者の雇用，これらの労働者への賃金の支払い，および社会保険の適用状況に関する情報を迅速かつ的確に把握し，必要な措置を取ることができる体制を作り上げていくことの必要性を示唆するものである。

◆コラム：Brexit と社会保障

　2016年2月，欧州理事会では，イギリスのキャメロン首相（当時）と各加盟国首脳との間でEUに関するいくつかの重要な変更が議論された。これは，同年6月に予定されていたイギリスでのEU残留・離脱に関する国民投票を念頭に，EU残留を後押ししようとするものであった。

　その最も重要なテーマの一つになったのが社会保障である。議論の結果，次のことが合意された。まず，児童手当について，その対象となる子が手当支給国以外の加盟国に居住する場合には，手当支給額を居住加盟国での生活費の水準に合わせて調整することが認められた。また，児童手当以外の社会給付についても，他の加盟国から移動してくる者が急増した場合には，最長で滞在が4年を経過するまでは社会給付を支給しないという「緊急ブレーキ」をかけることが認められた。

　このような例外的な取扱いについての合意が行われたことからも，他の加盟国から移動してくる者に自国民と同等に社会給付を行うことへの抵抗感が，EU離脱を求める背景に存在していたことがよくわかる。

　ところで，イギリスのEU離脱（Brexit）が決定されたことにより，離脱を阻止するために行われたこの合意はどうなるのかが気になるところだ。当時は，Brexit阻止のためにこのような例外的な取扱いをやむなく認めたかたちになったドイツなどにおいても，他の加盟国国民による社会給付受給権の「濫用」を批判する声が高まっている。このため，イギリスは離脱しても，この合意の内容はEUに「残留」し，実際に適用されることになる可能性がある

第9章　調整の意義と課題

　この章では，第1章から第8章までの検討にもとづき，そのまとめとしてEUにおける社会保障制度の調整の意義と課題について考察を行う。

1. 調整の意義

(1) 調整と加盟国の権限

　欧州連合条約第3条第1項は，社会的公正および社会保護を推進することをEUの目的の一つとして位置づけている。しかし，社会保護の分野におけるEU自体の役割は加盟国の活動の支援および補完とされており，各加盟国は基本的に自らの社会保障制度の具体的な内容を自由に決定することができる。その例外は加盟国間で移動する労働者等を対象とした社会保障制度に関する調整および年齢，性別などによる差別禁止に関するものに限られている（Schulte, 2008: 710）。これらは，EUの立法権限に属するものとされている（欧州連合運営条約第48条および第19条）

　このため，社会保障制度は各加盟国の国内制度として設けられており，EU法にもとづき各加盟国に共通に適用される単一の制度，たとえば，「EU医療保険制度」のようなものが存在するわけではない。将来的にも加盟国をまたがる単一の制度の導入が目指されているわけではない[1]。

　EUは環境保護などの分野において各加盟国の制度のハーモナイゼー

ションを行っている。ハーモナイゼーションは，それぞれの加盟国によって異なる制度を一定の基準に適合させることを意味する。したがって，社会保障制度に関するハーモナイゼーションを行うことになれば，国境を越えて移動する者に限らず各加盟国の国民，居住者または労働者全般に適用される社会保障制度をEUとして定められた基準に合致するように改正することが必要となってくる。

　28ヵ国にまで拡大した加盟国において今日みられる社会保障制度は，それぞれの国において長年にわたり独自の発展を遂げてきた結果，きわめて多様なものとなっている。たとえば，医療保障制度については，ドイツのように医療保険を採用している国がある一方で，イギリスの国民保健サービス（NHS）のように税を財源として，国または地方自治体が医療給付を行う制度を採用している国もある。加盟国による制度の相違が医療についての格差をもたらしていることについては，EU内部でも批判的な見方がある。しかし，現在のところ，社会保障制度については，EUがハーモナイゼーションを行う権限は認められておらず，また，EUがハーモナイゼーションを行うべきであるとの政治的な合意も存在しない（Becker, 2006: 13）。EUにあっては，ハーモナイゼーションは，将来的にも実現がさらに困難になると予想される（岡，2016: 195）。したがって，近い将来においてEUによるハーモナイゼーションが行われることにより，たとえばドイツの医療保険制度が大きな変化にさらされるとは考えがたい（Schlegel, 2007: 701）。

　なお，社会保障の分野においても，EUが各加盟国の権限を尊重しつつ，その改革努力を支援する観点から開放型調整方式（Offene Methode der Koordinierung: OMK）が導入されている[2]。OMKにおいては共通の目標の設定，共通の目標の達成に向けた施策を評価する指標の設

1）　各国の社会保障制度の独自性および多様性から，EUにおいては，各国制度の統一化は放棄されざるをえなかった（川口，1999: 443）。
2）　OMKの詳細については，松本（2011: 19）を参照されたい。

定およびそれによる各加盟国の施策の評価が行われる。OMK は，法的な手段ではなく政策的な戦略である。OMK を適用することにより，EU 全体でのハーモナイゼーションが行われる分野だけでなく，社会保障のように基本的に各加盟国に権限が留保されている分野においても加盟国間の協力が推進されることが期待されている。

　OMK などの取組みが，加盟国間での社会保障制度の違いを縮小させ，それを一定の範囲に収斂させることにつながるかどうかを現段階で断言することは困難である（松本，2011: 38）。その理由の一つは，社会保障に関する各国の改革の進展には大きな違いが見られることである。たとえば，老齢保障の分野では各加盟国に共通する改革の方向性が見出されるが，介護保障の分野では制度のあり方および改革の方向はきわめて多様である。

　本書が主たる検討の対象とする EU における社会保障制度の調整は，加盟国の社会保障制度のハーモナイゼーションをねらいとするものではない（Schulte, 2012b: 1446）。この調整は，あくまでも加盟国によって異なる社会保障制度が存在することを前提としつつ，それによって加盟国間を移動する者が不利を被らないようにすることを目的としている。つまり，この調整は，各加盟国が自国の社会保障制度の対象者，給付の種類や受給要件，費用負担者などを自ら定めることができる権限を侵すものではなく，また，各加盟国間で社会保障制度に相違があることを認めないものでもない。

　このように，EU における社会保障制度の調整は，社会保障制度についての各加盟国の権限を尊重しつつ，加盟国間を移動する者がそれによって社会保障の面での不利を被らないようにすることにより，EU の根本的な原則の一つである「人の自由移動」に貢献することができる点に大きな意義を有するものである。仮に，EU における社会保障制度の調整が社会保障制度に関する各加盟国の権限に制約を加えるものであったとするならば，各加盟国の抵抗が相当に大きなものになったと想像され

る。このような仕組が実際に導入され，今日の姿にまで発展することは困難であったと考えられる。

ただし，EUによる調整は，各加盟国の社会保障制度に何らの影響も与えないというわけではない。これまでの章で述べたように，「社会保障制度の調整に関する規則」や司法裁判所の判決は，各加盟国の社会保障制度に対して様々な影響を及ぼしている。

(2) 調整の効果

「社会保障制度の調整に関する規則」は，社会保障制度の調整に関する二国間協定（社会保障協定）や他の国際機関（ILO，欧州評議会など）による多国間協定とは異なる法的な性格を有している。この規則は，直接的な拘束力を有しており，EUの諸機関や加盟国のみならず加盟国の国民や企業にも直接適用され，これに抵触する国内法の規定を排除する効果を持っている（Biervert, 2008: 1884）。

さらに，規則の解釈・適用を監視する司法裁判所の存在が「社会保障制度の調整に関する規則」の実効性を高めている。次章で述べる社会保障協定にもとづく調整の場合とは異なり，「社会保障制度の調整に関する規則」の適用・解釈をめぐっては，多くの訴訟が提起され，司法裁判所によりそれに対する数多くの判決が積み重ねられてきた。司法裁判所はその判決において，自由移動を促進する観点からこの規則の規定を広く解釈してきた。また，司法裁判所は，「社会保障制度の調整に関する規則」の規定を第一次法（第1章注2参照）に照らして審査し，その無効を宣言することや，この規則と並んで第一次法の直接的な適用を行ってきた。それらを通じて，司法裁判所は社会保障制度の調整に関するルールの発展に大きく貢献している。加盟国は，自国の社会保障制度が国際機関の影響を受けることを嫌ってきただけに，この規則が強力な実効性を有していることは，社会保障制度の調整を統一的なルールに従って実施していくうえで重要な意義を有しているといえる。

このように，EUにおける社会保障制度の調整は，欧州連合運営条約を根拠とするEU規則（調整規則883/2004）により規定され，その解釈が司法裁判所により行われるものであり，各加盟国はこの調整から決して逃れることはできず，そのルールに従うことが余儀なくされる。調整の対象範囲を拡大することは，加盟国にとってはその影響を受ける範囲が広がることを意味することから，加盟国の抵抗は小さくない。たとえば，社会扶助の給付を調整の対象に含めようとする提案には，ソーシャルツーリズムに対する懸念にもとづく強い反対が予想される。

　調整規則883/2004は，その目的や適用範囲において，次章で述べる社会保障協定の場合とは異なる特徴を有している。社会保障協定にもとづく調整の目的は，それぞれの協定締約国間の経済関係，利害，移動の実態，社会保障制度の状況などに応じて様々である。また，社会保障協定が対象とする給付の範囲もそれぞれの協定締約国の個別の事情を色濃く反映したものとなっている。

　これに対して調整規則883/2004は，各加盟国の個別の事情にかかわりなく，EU全体の利益に適うEU域内での人の自由移動を促進するという統一的な目的を有している。また，この規則は，社会保障の特定の分野の給付（例：年金保険の給付）に限らない広範な分野の給付を対象に包括的な調整を行うものである。

　人が国境を越えて移動する場合に社会保障に関して直面する可能性のある問題は様々であり，特定の給付分野に限定されるわけではない。調整が行われたとしても，国境を越えて移動することにより特定の給付分野で不利になることがあるとすれば，そのことは人の自由移動を妨げる要因となる。したがって，調整規則883/2004が，社会保障に関して人の自由移動の妨げとなる可能性のある要因をできる限り広範に除去しようとするものであることは，EU域内での人の自由移動を促進するという目的に照らして，重要な意義を有している。

2. 調整の課題

(1) 加盟国社会保障制度の多様性の拡大

　各加盟国の社会保障制度の間にはその基本構造，すなわち，どのような範囲の人々をその対象にするか，必要な費用をどのようにして賄うか，どのような条件を満たせば給付を行うかなどの点において，大きな相違が存在する。社会保障制度の調整が開始された欧州経済共同体の当初の加盟国である6ヵ国（ベルギー，ドイツ，フランス，イタリア，ルクセンブルクおよびオランダ）は，いずれもビスマルク型社会保険を中心とする同質性の高い社会保障制度を有していた[3]。ビスマルク型の制度では，就労している者だけが給付に対する固有の権利を有し，その家族はそこから派生する権利にもとづき給付を受けることを基本としている。たとえば，ドイツの医療保険では，就労している者が被保険者とされ，それによって被保険者の家族は家族被保険者（日本の健康保険では「被扶養者」）としての給付を受けることが可能となる。

　このように，欧州経済共同体において同質性が保たれた状態は，デンマーク，アイルランド，英国が加盟国となったことにより決定的に変化した。なぜならば，これらの国は居住関係を基礎として保護を行うことを中心とするベヴァリッジ型社会保障制度を有しているからである。しかしながら，「社会保障制度の調整に関する規則」は，このような変化を十分に考慮しておらず，依然としてビスマルク型の制度を強く意識したものとなっている。たとえば，現在の規則である調整規則883/2004において疾病給付について定める第3章では，いまなお，被保険者の固有の権利とその家族の派生的な権利に対して異なる取り扱いが定められ

---

3) 「ビスマルク型」と「ベヴァリッジ型」の区分については，Johns (2016: 69) による。

ている。

　このため，司法裁判所は，「社会保障制度の調整に関する規則」に従い管轄加盟国とされる就労加盟国に給付義務があることにより，居住加盟国での居住関係にもとづく国内法上の受給権が否定される，または補完的にしか適用されない状態の解消に取り組むことが必要となっている。その代表的な例は第5章で取り上げたBosmann事件の判決である。この判決では，「社会保障制度の調整に関する規則」による管轄加盟国には該当しない居住加盟国（ドイツ）が居住関係にもとづき給付を行うことが容認された。

(2)　加盟国間での格差の拡大

　2004年以降のEU加盟国の拡大により旧東欧諸国などがEUに加盟したことにより，加盟国間での生活水準の格差は拡大した。生活水準の格差には，所得水準の格差だけでなく，社会保障の給付水準の格差も含まれる。

　「社会保障制度の調整に関する規則」は，低い給付水準の加盟国の費用負担により他の加盟国で高い水準の給付を受けることを認めている。第4章でみたように，管轄加盟国は，国内での医療制度に問題があるために，受給権者が他の加盟国に行って医療を受けることへの事前承認を与えなければならない場合がある。この場合には，当該他の加盟国で行われる医療の費用を管轄加盟国が負担しなければならない。医療に要する費用は，高い給付水準の加盟国では低い給付水準の加盟国よりもはるかに高額になる可能性がある。このため，低い給付水準の加盟国での医療に問題があるとして高い給付水準の国に行き医療を受ける者が増加することになれば，低い給付水準の国には大きな財政負担となるおそれがある。

　このような問題を解決するための一つの方法として，すべての加盟国が被保険者数や所得水準に応じた費用を拠出して調整基金を設立し，調

整基金が費用の一部を補填することにより管轄加盟国の費用負担の額を当該加盟国の所得水準に応じたものに抑制することが提案されている (Johrens, 2016: 79)。しかし，これが実現できるかどうかは，他の加盟国での医療費用の負担に関する連帯が所得水準の高い加盟国によって受け入れられるかどうかによる。

このような格差の存在は加盟国間での緊張を生みだす原因となりうる。給付水準が低い加盟国の国民は給付水準が高い加盟国の国民をうらやみ，後者の加盟国に移動して，そこでの高い水準の給付を受けようとする可能性がある。このような現象は，政治的な議論においては「ソーシャルツーリズム」と呼ばれている。

それを可能にする要因の一つには，加盟国間での人の移動に関する変化がある。労働者の自由移動はもともと労働力不足に対応するためのものであったが，こうした労働市場的な視点に立った政策はその後において変化し，人の自由移動はいまや経済的な要素とは関係なく，EU市民であることから生じる基本的な権利となっている。このため，今日では，ヨーロッパは職業上の立場にかかわらず，その動機がより良い労働条件，温暖な気候，あるいは個人の満足などであるかを問わず，市民が自由移動の権利を行使することができる圏域となっている。このようななか，稼得活動に従事しない人がより良い社会保障を受けるために他の加盟国に移動するような状況が生まれている。

他の加盟国からやって来て，税や社会保険料をいまだ十分に支払っていない者に対して税にもとづく給付を行う必要があるかどうかという問題は，第7章で述べたBrey事件で取り扱われた。この事件の判決において，司法裁判所は，自国の社会扶助制度に過大な負担が生じないように，居住加盟国が他の加盟国のEU市民に対する最低保障給付を制限することを認めた。それにもかかわらず，高い給付水準の加盟国が税や社会保険料をいまだ十分に支払っていない人々から給付を求められる状況が続いている。

ソーシャルツーリズムに関する今日の政治的な議論は，この問題がデリケートでかつ人々の関心を集める問題であることを示している。現時点では，ソーシャルツーリズムに関する信頼できるデータが存在しないにもかかわらず，メディアなどにおいては真に差し迫った問題のように報じられている。ソーシャルツーリズムに対する懸念にもとづきその対抗策がとられることは，人の自由移動というEUが保障する基本的な権利と相反する可能性がある。それだけにこの問題は，その対応を誤ることによりEUの基本構造が脅かされる危険性をはらんでいるといえる。

(3)　加盟国社会保障制度の変化

　前述のとおり，EUにおいても，基本的に各加盟国がその社会保障制度の構築や管理運営に責任を有している。それぞれの加盟国の社会保障制度は社会経済の変化にともなう新たな課題に直面し，それへの対応に迫られている。たとえば，近年，加盟国では人口高齢化にともなって増加する要介護者に対する介護サービスや介護手当等の給付の導入・拡大が行われている。その目的は共通しているが，具体的な制度のあり方には加盟国間での大きな違いがみられる。

　このような加盟国での取組みは，EU規則にもとづく社会保障制度の調整に対しても様々な問題を投げかけている。とりわけ，新たな給付が調整規則883/2004の適用対象になるのか，また，社会保障のいずれの分野に属する給付として取り扱われるのかという点が問題となる。しかし，第2章で述べたように，調整規則883/2004には，いずれの介護給付が調整の対象になるのか，また，それらに対する調整がどのように行われるのかについての明確な規定が欠けている。したがって，適切な調整を行うためには，まず，それらの給付についての明確な定義と区分が必要である。

　同様の例は，アクティベーション措置についてもあてはまる。第6章でみたように，近年，雇用政策の分野においてはアクティベーション政

策が推進されている。具体的には，労働市場への再編入を目的としたアクティベーション措置に参加する者に対してのみ失業給付を行うことがあげられる。

　失業者が他の加盟国で職を得るために，当該他の加盟国で職業訓練などのアクティベーション措置に参加することが有意義な場合も少なくない。しかし，調整規則883/2004にはアクティベーションに関する規定が欠けており，そのことが多くの問題の原因となっている。この問題を解決するためには，受給権者が管轄加盟国以外の加盟国でアクティベーション措置に参加できることを保障する規定が必要である。

(4) EU法上の規定の重複

　加盟国をまたがる社会保障制度の適用に関しては，EU法上の様々な規定がかかわっている。他の加盟国に移動する者がそれらを理解することは容易ではなく，また，制度の管理運営者も個別のケースにおいて最も適切な手段を適用することに難しさを感じている(Jorens, 2016: 74)。

　複数の第二次法（第2章注22参照）が並行して適用される例としては，第4章で述べた患者権利指令2011/24と調整規則883/2004があげられる。患者権利指令2011/24は，他の加盟国での医療に関して調整規則883/2004が適用される領域においても有効であり，他の加盟国での医療に要する費用の償還について規定している。したがって，他の加盟国で受ける医療に関しては，患者権利指令2011/24と調整規則883/2004第17条以下が重複して適用される。この両者の場合には，患者がいずれの規定を適用するかを選択することが可能であるとされており，選択の結果によって，当該患者が他の加盟国で医療を受けるための要件や受けられる給付に違いが生じる。

　一般的に，複数の第二次法が並行して適用される場合には，適用可能な規定のうちどれが優先するのか，いずれかの規定の適用を自由に選択できるのか，一つの規定で他の規定を補完することはできるのかなどが

疑問となる。このような状態は，法的安定性の観点からは決して好ましいものではなく，その解消を図ることが必要となっている。

(5) 決定プロセス

「社会保障制度の調整に関する規則」を社会の変化に対応して修正するためには，手間のかかる厄介なプロセスを経る必要がある。そのことを示す例として，介護給付の取扱いをあげることができる。すでに，1998年に司法裁判所から出されたMolenaar事件の判決（第2章7.(2)参照）のなかで，介護給付については調整の対象とすべき新たな給付として取り扱われる必要性が明らかとなった。しかし，2004年に制定された新たな調整規則883/2004においても，介護給付が適用対象給付として明示的に掲げられることはなかった。このため，Molenaar事件の判決から20年近くたった今日においても，介護給付を調整規則883/2004に位置づけるための取組みがなお続けられている[4]。

なお，このような問題を解決する一つの方法としては，調整について詳細に定めている現在の調整規則883/2004に代えて，調整の基本的な考え方だけをEU指令として定め，それに沿って各加盟国が国内法の施行および社会の変化への対応を行うことが考えられる（Johrens, 2016: 82）。しかし，そのようになれば，調整の統一性が保たれなくなり，加盟国間を移動するEU市民に対する社会保障がそれぞれの加盟国の考え方に左右されることになるおそれがある。

「社会保障制度の調整に関する規則」の改正をめぐるこのような状況が今後も続くことになれば，新たな状況への対応は，これからも規則の改正ではなく，司法裁判所の判決により行われる可能性が高いといわざるを得ない。

---

[4] 2016年12月13日付けの欧州委員会によるヨーロッパ調整社会法の発展と改革に関する提案（COM (2016) 815 final）においても，介護給付の調整に関して独立した規定を設けることが重要な柱の一つとなっている（Eichenhofer, 2017: 244）

以上みたように,「人の自由移動」の促進を目的としてEUにおいて実施されている社会保障制度の調整は,EUレベルでは対象とする社会保障制度の多様性の拡大,加盟国間での格差の拡大,各加盟国レベルでは社会経済の変化にともなう社会保障制度の変化などがもたらす課題に直面している。こうした課題を解決するため,社会保障制度の調整に関しては,ますます複雑で難しい対応が求められるようになっている。一方,各加盟国はそれぞれの個別の利害を背景として調整の仕組みを改めることに消極的な姿勢を示している。

こうしたなかで,社会保障制度の調整に関する制度が直面する課題を克服し,今後ともその役割を適切に果たしていけるかどうかは,人々が目先の困難や利害にとらわれず,「人の自由移動」がEU全体にもたらす利益に目を向けることができるかどうかにかかっている。

◆コラム：児童手当と所得格差

EU加盟国の拡大は,加盟国間での所得格差だけではなく,社会保障水準の格差をもたらした。たとえば,ブルガリアにおける平均グロス賃金は2015年3月時点で月約451ユーロであった（Thüsing, Hütter, 2016: 411）。これに対してドイツでは,2017年現在,第1子・第2子には月192ユーロ,第3子には月198ユーロ,第4子以降には1人あたり月223ユーロの児童手当が支給されている。加盟国の児童手当は支給対象となる子が他の加盟国に居住する場合にも支給される。このため,たとえば3人の子供と妻を祖国に残して,単身でドイツに来て就労するブルガリア人労働者は,ドイツから支給される児童手当だけで祖国での就労により得られる賃金よりも多くの収入が得られる可能性がある。しかも,祖国にいる子の生活費はドイツよりも少なくて済むと考えられる。

このような取扱いに対しては,しばしば批判的な意見が聞かれる。「平等取扱い」の原則からすれば他の加盟国国民にも同額の給付を支給することは当然のことであるとはいえ,給付のための財源を負担する人々にとっては割り切れない部分が残ることが,その原因の一つとなっているのだろう。

第Ⅱ部

社会保障協定にもとづく調整と日本の課題

第10章　社会保障協定にもとづく調整

　前章までで述べたように，EUでは，加盟国間での人の自由移動を促進する観点から，EU規則にもとづき，労働者に限らない加盟国国民（EU市民）を対象として社会保障制度の広範な分野の給付に関する包括的な調整が行われている。それにとどまらず，EU加盟国は，EUに加盟していないヨーロッパの国やヨーロッパ以外の地域の国との間でも社会保障制度の調整に関する協定（以下「社会保障協定」という）を締結し，それにもとづき締約国間を移動する者を対象とする調整を実施している。

　この章では，EU加盟国の一つであるドイツを対象とし，他国との間で締結した社会保障協定の目的や内容などについて検討を行うことにより，社会保障制度の調整に関するEU規則と比較した社会保障協定の特徴を明らかにする。

1.　締約相手国と目的

　ドイツは，EUに加盟していないヨーロッパ諸国やヨーロッパ以外の地域の国々との間で，社会保障協定を締結している。そのおもな締約相手国と主要目的はつぎのとおりである[1]。

1）　このほかにも，南米のブラジル，チリ，ウルグアイ，アジアの中国，インド，韓国などと間で，社会保障協定が締結されている。

(1) スイスとの協定

　EU加盟国の拡大により，前述のEU加盟国間での社会保障制度の調整の対象はヨーロッパの多くの国に拡大した。また，この調整は，EU加盟国以外で欧州経済領域（European Economic Area）に参加する国[2]にも適用されることになった。これにより，ドイツがヨーロッパ諸国との間で締結してきた多くの社会保障協定は意義を失った。

　EUの前身である欧州共同体およびドイツをはじめとするその加盟各国は，欧州共同体にも欧州経済領域にも参加していないスイスとの関係強化を図るため一連の協定を締結した。そのなかには，スイスを一方の当事者，欧州共同体およびその加盟国をもう一方の当事者として締結された「自由移動に関する協定」[3]が含まれている。この協定は，スイスと欧州共同体加盟国との間での人の自由移動および労働市場の開放について規定している。この協定にもとづき，人の自由移動を促進する観点から，社会保障制度の調整に関するEU規則（2012年4月以降は調整規則883/2004）がスイスとEU加盟国との間にも適用されている。

　これにより，ドイツまたはスイスの医療保険の被保険者は，相手国に滞在する間に病気になった場合にも加入する医療保険の費用負担により医療が受けられる。また，ドイツまたはスイスの年金受給のために必要な被保険者期間の算定に当たっては両国での期間が通算され，ドイツまたはスイスの年金受給者は相手国に居住する場合にも引き続き年金給付を受給することができる。

(2) 外国人労働者送出国との協定

　トルコ，旧ユーゴスラビア，モロッコ，チュニジアといった，かつて

2） アイスランド，リヒテンシュタインおよびノルウェーがこれに該当する。
3） Abkommen zwischen der Schweizerischen Eidgenossenschaft einerseits und der Europäischen Gemeinschaft und ihren Mitgliedstaaten andererseits über die Freizügigkeit.

の外国人労働者送出国との間では，ドイツ国内で必要とする外国人労働者を確保することを目的として社会保障協定が締結された。これにより，ドイツがこれらの国から外国人労働者を募集するに当たって，当該送出国からの外国人労働者とその家族の社会保障についてドイツが責任を引き受けた（BMAS, 2015: 1181）。

(3) 移住先国との協定

アメリカ合衆国，カナダおよびオーストラリアには多くのドイツ人移住者が居住している。これらの国に移住したドイツ人のなかには，移住先国によりよく定着するためにドイツ国籍を放棄し，移住先国の国籍を取得した者も多かった。しかし，その後ふたたびドイツに帰国する者も少なくなかった。このようなドイツ人移住者は，ドイツで獲得した年金受給権を移住先国でも行使できること，移住先国の年金制度に加入できること，およびドイツに帰国した場合にも移住していた国の年金を受け取れることに大きな関心を有していた（BMAS, 2015: 1182）。このような事情を反映して，ドイツはこれらの移住先国と年金保険を対象にドイツ人移住者のこのような関心に対応する内容の社会保障協定を締結した。

(4) 日本との協定

ドイツには銀行をはじめとする多くの日本企業が立地している。ドイツは，自国が日本経済のヨーロッパでの拠点となっていることを考慮し，日本企業のドイツへの投資を促進することを通じてドイツでの雇用の維持，創出に寄与することを目的として，1998年に日本との社会保障協定[4]を締結した（BMAS, 2015: 1183）[5]。この協定により，一定期

4） 社会保障に関する日本国とドイツ連邦共和国との間の協定（平成11年条約第21号）。
5） 同様の経済的な目的を有するものとしては，韓国との間で締結された年金保険を対象とする社会保障協定があげられる。

間にかぎり日本企業から派遣され，ドイツで就労する社員に対しては日本の年金法のみを適用することになり，このような社員および事業主である企業が日本とドイツの年金保険料を二重に負担しなければならないことが回避された。

2. 適用対象者

　社会保障協定の適用対象者を定める場合には，対象者の国籍の取扱いが重要な論点の一つとなる。社会保障協定のなかには，それぞれの締約国の国籍を有する者についてのみ適用されるものがある。このような協定は「クローズドな協定」と呼ばれる。ただし，締約国の国籍を有する者の家族や遺族は，自分自身が締約国の国籍を有しない場合であっても，締約国の国籍を有する者から派生する権利に「クローズドな協定」の適用を受けることができる。この規定は，締約国の国籍を有する者の寡婦や遺児が遺族年金を受ける権利を保護することに役立つ。
　締約国の国籍を有しない者を，ドイツ国内法においてドイツ人と同等に位置づけるという迂回路を通じて「クローズドな協定」の適用を可能にすることはできないとされる (Petersen, 2012: 1532)。そのような方法で「クローズドな協定」の適用範囲を拡大することは，協定締約者の意思に反すると考えられるからである。
　一方，国籍による制限なく適用される社会保障協定は，「オープンな協定」と呼ばれる。近年においてドイツが締結した社会保障協定はすべて「オープンな協定」となっている。「オープンな協定」は，締約国以外の国籍を有する者も含め，締約国に居住するすべての者に適用される。たとえば，ドイツと日本の間の社会保障協定第3条は，この協定がいずれかの締約国の国民だけでなく，「その他の者」にも適用されることを規定しており，たとえば，事業主によりドイツに5年以内の期間で派遣される労働者に引き続き日本の制度を適用する取扱いなどは，日本

企業に雇用されている外国人にも適用される。

3. 適用対象給付

　社会保障協定のなかでも「包括的な協定」と呼ばれるものは，ドイツの社会保険（医療保険，労災保険および年金保険），ならびに児童手当制度と締約相手国のこれらに相当する制度との調整を行っている。失業給付の調整に関しては，社会保障協定とは別の協定において定められている[6]。

　一方，社会保障協定のなかには，その調整の対象を年金保険に限定する協定，年金保険および労災保険に限定する協定なども存在する。このように限定的な給付のみを対象とする協定は，たとえば先にみたドイツ人の移住先国との社会保障協定にみられる。この場合には，移住したドイツ人に対して国籍を変更したかどうかにかかわりなく，年金保険などによる長期給付を保障することが重要であることが理由となっている。しかし，社会保障協定の対象給付が限定されるおもな理由は，それぞれの締約国における社会保障制度の状況にかかわるものである。つまり，相当する制度が相手国に存在しないことや，相当する制度は存在するものの，その仕組みが社会保障協定の対象にするには適さないことから，それらの制度を調整の対象にすることについて合意が成立しないことが，限定的な協定の理由となっている（Schuler, 1988: 319）。

4. 適用法の決定

　社会保障協定には，対象者にどちらの国の法令が適用されるのかを定める規定が設けられている。これは，締約国の両方で保険料を納付する

---

[6] たとえば，セルビア，モンテネグロおよびボスニア・ヘルツェゴビナとの間では，社会保障協定のほかに，失業保険に関する協定が締結されている。

義務が課されることにより保険料の二重負担が発生することを避けるとともに，両締約国の制度がいずれも適用されず保障に穴が空くことを避けるためのものである。これにより，対象者には一方の締約国または他方の締約国の法令のどちらかが適用されることになる。

一方の締約国の領域内で就労している労働者および自営業者については，その国の法令による社会保険への加入義務が適用される。これによって，一人の事業主に雇用される労働者に対しては，その者の国籍の如何を問わず同一の制度が適用される。そうでない場合には，事業主はその労働者の母国の制度を適用することにより，社会保険料負担を軽減することができるため，社会保険料負担の少ない国の労働者を雇用しようとする可能性がある。

ただし，事業主により他方の締約国に派遣され，その国で当該事業主のために働く労働者には，それまでに就労していた締約国の制度を一定期間だけ引き続き適用することが認められる[7]。派遣される労働者の側には一定期間だけ外国に居住することによって国内の社会保険による保障を失いたくないという考えがある。これに対して，経済界の側は，労働者が社会保険料負担の低い国に派遣された場合であっても，その事業主は派遣先国の保険料ではなく，引き続き国内の高い保険料を負担しなければならないことを問題としている。このような対立を解消するため，期間を限定して引き続き国内法を適用することとされた。この規定は，一方の締約国で既に成立している雇用関係が他方の締約国に居住する期間においても存続する場合に限り認められる。

---

[7] その自営の活動のために一時的に他方の締約国で就労する自営業者についても同様の取扱いが行われる。

5. 調整の基本的考え方と内容

(1) 同等取扱い

① 人に関する同等取扱い

　社会保障協定には，協定の対象となる法令の適用に当たって，いずれかの締約国に通常居住する締約相手国国民を自国民と同等に取扱うとの規定が設けられている。この結果，給付の受給の可否や給付額について，相手国国民と自国民との間で差を設けることはできなくなる。また，相手国国民が給付を受給する場合の要件として，自国民には求めない要件を求めることもできなくなる。相手国国民は自国民と同じ条件で同じ金額の給付を受けることができる。もちろん，この場合に相手国国民が受けることができる給付の額は，年金保険を例にあげると，その者に給付を行う年金保険への加入期間や納付保険料額などに応じたものとなる。

　さらに，近年において締結された社会保障協定では，締約相手国国民が第三国に通常居住する場合であっても，自国民と同様に給付を行うことが規定されている。

② 領域に関する同等取扱い

　国内法の規定により，自国民であっても国内に居住することが給付受給の要件とされている場合には，社会保障協定に前述の「人に関する同等取扱い」の規定が含まれていたとしても，その国に居住しない給付受給権者は給付を受けることができない。このような問題は，典型的には，一方の締約国で長年にわたり就労し年金保険に加入していた者が，職業生活からの引退後に他方の締約国である母国に帰国した場合に起こりうる。このため，たいていの社会保障協定には，「領域に関する同等

取扱い」の規定が設けられている。これにより，締約相手国に通常居住する者も国内に居住する者と同等にみなされる。

この「領域に関する同等取扱い」は給付の受給に関してのみ適用されるものであり，加入義務に関しては適用されない。国は自国の領域に居る者に対してのみ保険料の支払いを義務づけることが可能であることから，制度への加入義務については対象者が居住している領域と関連づけざるを得ないと考えられる（Petersen, 2012: 1534）。

③　事実に関する同等取扱い

国内法には，給付の支給に関して国籍や居住国以外の要件が定められていることがある。たとえば，ドイツ年金保険から障害年金を受給するためには，ドイツ年金保険に保険料を納付した期間が障害発生前5年間に3年なければならない。仮に締約相手国でこれに相当する保険料を納付していたとしても，この要件を満たさなければドイツ年金保険からは障害年金が支給されないことになる。このため，社会保障協定には，「事実に関する同等取扱い」の規定が設けられている場合がある。これにより，締約相手国での相当する保険料の納付などが国内で行われものと同等にみなされる。

(2)　給付受給権の確保

給付受給のためにその国での一定の被保険者期間が必要とされる場合には，他国に移動し，他国の制度の適用を受ける期間がある者は，その国にとどまる者に比べて不利な状況におかれる可能性がある。たとえば，老齢年金受給のために25年の被保険者期間が必要とされる場合に，その国で20年，他国で5年の被保険者期間を有する者は，そのままではその国の老齢年金を受給することができない。

このような問題を解決するため，社会保障協定には，他方の締約国で算入可能な被保険者期間を国内での被保険者期間と通算する規定が設け

られている。これによって，上記の例では，その国で25年の被保険者期間を有するものとみなされることから，老齢年金を受給することが可能になる。なお，この場合にも，各締約国の制度から支給される年金の額は，あくまでもそれぞれの国における被保険者期間に応じて計算される。

　被保険者期間の通算に関する規定は年金保険の給付のように長期の被保険者期間を有することを要件とする給付の場合に，特に重要な意味を持つ。しかし，このような期間の通算が必要となるのは，年金給付の場合に限られるわけではない。たとえば，失業給付の受給の可否や受給期間も被保険者期間に依存しているため，失業保険を対象とする協定では，締約相手国での被保険者期間を国内の期間と通算する規定が設けられている。また，職業病に対する労災保険の給付についても，一定の期間において職業上の該当リスクにさらされたことが受給要件とされることから，このような期間の通算が行われる。

(3) 給付受給権の維持

　社会保障協定には，給付受給権者が締約相手国に移動した場合においても引き続き給付を受けられるようにする規定が設けられている。ただし，その方法は，医療保険による医療給付のような現物給付の場合と年金保険による年金給付のような現金給付とでは大きく異なっている。

　医療保険による医療給付は原則として現物給付として行われる。しかし，他国に居住する受給権者に対して直接現物給付を行うことはできない。社会保障協定は，つぎのような仕組みを通じて，現物給付の原則を逸脱することなく，締約相手国に居住する給付受給権者が医療を受ける権利を保障している。一方の締約国の医療保険の被保険者で他方の締約国に居住する者に対しては，まずは居住国の保険者がその国の法令にもとづき現物給付を行う[8]。そのうえで，当該保険者は本来の給付義務がある保険者から発生した費用の補填を受ける。

これに対して，年金給付のような現金給付については，受給権者が他方の締約国に居住している場合に，給付の減額，停止などを行わないこととする規定が設けられている。これによって，たとえば，一方の締約国で就労し，長年にわたって年金保険料を支払った者が，引退後に他方の締約国である母国に帰国したとしても，当該一方の締約国の管轄保険者から老齢年金の支給を受けることができる（給付の輸出）。

　ただし，失業保険の場合には締約相手国で居住する者に対する給付受給権の維持についての配慮は行われない[9]。その理由は，失業給付は受給者の求職義務と密接な関係を有しているからである。失業給付を受給する者は求職活動を積極的に行うことにより失業期間をできる限り短くすることが求められる。その実効を担保するうえで，給付を行う国の公共職業安定所による求職活動の監督が重要な意味を持つ。

6. 協定の実施

　社会保障協定には，協定にもとづく調整を迅速かつ確実に実施するため，締約国間での事務援助に関する規定が設けられている。そのなかでは，個別の受給権者の年金額の算定に必要な被保険者期間の種類と長さを定められた様式を用いて相互に連絡し合うなど，関係保険者間の協力について定めることが不可欠となっている。国内法の効力が及ぶ領域は限定されているため，国内法により外国の行政機関，保険者などに事務援助を義務づけることはできない。このため，社会保障協定において事務援助について規定することは重要な意味を持っている。

　社会保障協定には，協定の実施に責任を持つ両国の機関が示される。

---

8) この結果，当該被保険者は，居住国の医療保険制度に加入している場合と同じ範囲の医療給付を同等の自己負担により受けることができる。

9) この点において，一定のルールの下で3ヵ月以内は失業給付の受給権を維持したままで他の加盟国におもむき，そこで求職活動を行うことが認められるEUにおける調整の場合とは大きく異なっている。

この機関は「連絡機関」と称され，締約相手国の連絡機関との連絡調整を行う。締約相手国の保険者とのやり取りは，基本的にこの連絡機関を経由して行われる。連絡機関が担うべき役割は，協定実施のための取決めにおいて定められる。定められる内容には，協定の実施および個々のケースについての情報交換に必要な様式を決定すること，統計その他の一般的な情報を締約相手国の連絡機関と交換すること，協定の対象となる者に対して，それらの者が協定にもとづき有する権利および義務について啓発を行うことなどがある。

　社会保障協定では，給付受給権者が不利にならないよう，一方の締約国に提出された給付申請を他方の締約国において同等に取扱う規定が設けられている。これにより，一方の締約国に出された給付の申請は，他方の締約国の法令によるこれに相当する給付の申請ともみなされる。たとえば，ドイツの年金は，その初日に受給要件を満たしていた月の翌月から3ヵ月以内に申請があれば，受給要件を満たした月から支給される。この規定は，締約相手国において年金給付の申請が行われた場合にも適用される。

　社会保障協定には，締約国間で協定の適用および解釈に関する紛争が生じた場合に，仲裁裁判所を設置するなどの解決手続きが定められている。しかし，実際には，協定の解釈の相違については締約国間の担当省庁レベルで取扱われ，解消されており，これまでのところ協定に定められた仲裁手続きが実施された例はない（Petersen, 2012: 1543）。

7. 考察

　社会保障協定は法的には国家間で締結される条約にあたる。社会保障協定は相互主義の原理にもとづいている。したがって，一方の締約国は，その国に対して他方の締約国がメリットを認めるかぎりにおいてのみ，他方の締約国にそれと同等のメリットを認めることになる。社会保

障協定には，一般的に，適用対象となる人および給付の範囲，適用されるべき法令，人などに関する同等取扱い，給付受給権の確保および維持，協定の実施などに関する規定が含まれる。ただし，それぞれについての具体的な規定の内容は協定によって異なっている。

　ドイツは，ヨーロッパだけでなく，アメリカ，アジア，オセアニア，アフリカの様々な国との間で社会保障協定を締結している。社会保障協定は，締約国の間を移動する労働者およびその家族の保護や生活の安定に貢献するものであるが，そのことだけを目的としているわけではない。社会保障制度の調整に関するEU規則の場合には，第一義的にEU加盟国間を移動する人の自由移動を促進することが統一的な目的となっている。これに対して，社会保障協定の目的は，それぞれの締約相手国との経済的な関係などにもとづく締約国の個別の利害を如実に反映したものとなっている点に重要な特徴がある。

　同様のことは，適用対象給付についてもあてはまる。社会保障制度の調整に関するEU規則の場合には社会保障の各分野の給付を幅広く対象としているのに対して，ドイツが他国と締結している社会保障協定の場合には，締約国の個別の利害・関心や社会保障制度の状況などに応じて様々なものとなっている。この結果，「包括的な協定」が存在すると同時に，たとえば年金保険の給付だけを対象にした社会保障協定が存在している。

　さらに，社会保障協定の適用および解釈に関する紛争の処理の方法についても，社会保障制度の調整に関するEU規則の場合とは大きな違いがみられる。後者の場合にはその適用および解釈をめぐる様々な訴訟が提起され，常設の機関である司法裁判所の判断が示されている。司法裁判所の判決（先決裁定）は，個別の紛争の解決だけでなく，社会保障制度の調整に関する制度の発展にも重要な貢献を行っている。これに対して，前者の場合には，締約国の担当省庁レベルの協議で解消されることが通常となっている。

以上のように，ドイツが他国と締結している社会保障協定については，社会保障制度の調整に関するEU規則と比較すると，調整の基本的考え方や内容には共通する点が多くみられる一方で，調整の目的や適用対象給付には重要な相違点が存在していることが分かる。このような相違点が存在する理由は，全加盟国に統一的に適用されるEU規則の場合とは異なり，相互主義にもとづき二国間で締結される社会保障協定の場合には，締約国間での人の移動の実態や締約国の社会保障制度の状況などが色濃く反映されることにあると考えられる。

第11章　日本における取組みと課題

　日本で雇用される外国人労働者の届出数は2016年に100万人を突破した（厚生労働省，2017a: 1）。その内訳を出身国別にみると，中国をはじめとするアジア諸国出身者が多くを占めている。国際的な経済環境の変化，経済連携の強化などにともない，今後も日本に来て働く外国人，外国に行き働く日本人が増加すると予想される。
　このような労働者およびその家族の生活の安定を確保するうえで，医療，年金などの社会保障を適切に受けることかできるかどうかは重要な意味を持っている。しかし，国境を越えて移動する労働者等は社会保障に関して様々な問題に直面する可能性がある。
　この章では，前章までの検討結果にもとづき，日本と外国との間を移動する労働者等に適切な社会保障を行うための取組みについて検討を行う。

1.　日本におけるこれまでの取組み

　日本においては，これまでも国境を越えて移動する労働者等の社会保障の改善につながる改正が行われてきた。その主なものとしては，社会保障制度の外国人への適用拡大，外国での治療に対する医療保険の適用，年金脱退一時金の導入および社会保障協定の締結があげられる。以下，これらについて検討する。

(1) 外国人への適用拡大

日本では1981年に「難民の地位に関する条約(難民条約)」が批准された。この条約は,社会保障に関しても,難民に対して自国民に与える待遇と同一の待遇を与えるものと規定している。この難民条約の批准にともなう法整備により[1],日本のほとんどすべての社会保障法が外国人にも適用されることになった(堀,1994: 160)。たとえば,国民年金法において,1981年以前には日本国民のみを対象とする国籍要件が設けられていたが,難民条約の批准にともなう法整備により「日本国内に住所を有する20歳以上60歳未満の者」が国民年金の適用対象とされ(国民年金法第7条第1項),外国人に対しても適用されることになった。同様に,児童手当法,児童扶養手当法などに設けられていた国籍要件も難民条約の批准にともなう法整備により撤廃された。

これらの改正は難民条約の批准を契機とするものであり[2],国境を越えて移動する労働者が適切な社会保障を受けられるようにすることを通じて,国境を越える労働者の移動を促進することを直接的なねらいとするものではない。とはいえ,結果として外国人にもこれらの制度が適用されるようになったことは,外国から日本に移動する労働者およびその家族が社会保障に関して直面する可能性のある問題の解決にとって重要な意味を持つものといえる。

しかし,外国人に日本の社会保障制度を適用するだけでは,外国と日本との間を移動する労働者が社会保障に関して直面する問題が全面的に解決されるわけではない。たとえば,日本で就労する外国人に母国の制

---

1) 難民の地位に関する条約等への加入に伴う出入国管理令その他関係法律の整備に関する法律(昭和56年法律第86号)。
2) 難民条約と国内社会保障法制との抵触を避けるための措置としては,社会保障法令を難民(である外国人)にのみ適用できるようにする選択肢もあったが,政府部内での検討の結果,社会保障法令を外国人全般に適用できるようにするとの決定がなされた(堀,1983: 506)。

度が適用される場合には，日本の制度が適用されることにより二重適用の問題が発生するおそれがある。二重適用により，労働者およびその事業主は，日本と母国の社会保険に保険料を支払わなければならず，しかも，日本での被保険者期間が短いために，日本の社会保険からは給付が受けられない可能性がある。

社会保障制度のなかでも，生活保護制度においては外国人への適用に関してこれらの制度とは異なる取扱いが行われている。生活保護について規定する生活保護法は外国人には適用されないものと解されている（菊池, 2014: 208）。しかし，生活に困窮する外国人に対しては，日本国民に対する生活保護の取扱いに準じて必要と認められる保護を行うことができるものとされている[3]。つまり，外国人には生活保護法にもとづき保護を受ける権利が認められているわけではなく，あくまでも予算措置として日本人の場合に準ずる措置が行われるにすぎない。前述の難民条約の批准に際しても，このような生活保護に関する取扱いの変更はなされなかった[4]。

この「準ずる措置」も，日本に居住するすべての外国人を対象にしているわけではなく，永住外国人，定住外国人などに限って適用される（西村健一郎, 2003: 496）。したがって，それ以外の外国人が就労のために入国し日本に居住している間に何らかの理由により生活困窮状態に陥ったとしても，生活保護法による保護，またはそれに「準ずる措置」が受けられるわけではない。

さらに，生活保護以外の制度に関しても，法制度上は日本の社会保障制度が適用されるにもかかわらず，必要な届出などがなされないために，実際には適用されていない，あるいは，本来適用されるべき制度とは異なる制度が適用されているケースが存在する。たとえば，本来は被

---

[3] この措置は，厚生省社会局長通知「生活に困窮する外国人に対する生活保護の措置について」（昭和29年5月8日社発382号）による。
[4] 生活保護法については，予算措置にもとづく給付が外国人に対しても行われているため，難民条約に抵触しないと解釈された（堀, 1983: 506）。

用者として健康保険が適用されるべき労働者であるにもかかわらず，「保険料負担が少なく済む」，「事業主の保険料負担がない」などの理由により，健康保険への届出が行われず国民健康保険に加入するようなケースがみられる（手塚，2005: 313）。

(2) 外国での治療に対する医療保険の適用

1984年の健康保険法の改正などにより，医療保険の被保険者または被扶養者が急な病気などのために外国でやむを得ず医療を受けた場合にも給付（海外療養費）が受けられるようになった[5]。このような場合には，被保険者は外国で支払った医療費の一部について払い戻し（償還払い）を受けることができる。これは，海外旅行中の病気やけがだけでなく，日本企業から外国に派遣され，そこで働く労働者（日本の健康保険が引き続き適用されている者）が，赴任期間中に現地で医療を受けた場合にも適用される。ただし，医療を受けるために外国に渡航した場合には，この対象にはならない。

支給される海外療養費の額は，原則として日本でその医療を受けた場合の診療報酬点数にもとづき算定される。算定された額が外国で実際に被保険者が支払った費用の額（日本円に換算した額）を下回る場合には，算定された額から一部負担金相当額を控除した額が払い戻される。したがって，この場合には，一部負担金相当額のほかに，日本の診療報酬点数にもとづき算定された額と被保険者が現地で実際に支払った費用の額との差額も被保険者自身が負担しなければならない。

外国で医療を受けた場合に請求される費用の額は，日本の診療報酬点数とは関係なく計算される。このため，実際に支払わなければならない医療費の額が日本の医療保険から支給される海外療養費の額を大きく上回る可能性がある。これによって被保険者に多額の費用負担が生じるこ

---

5) 国民健康保険においても，2000年に海外療養費制度が導入された。

とを避けるためには，外国で医療が必要となった場合の費用を補塡する民間保険（海外旅行保険など）への加入が必要となっている。

なお，この制度はあくまでも日本の医療保険が適用される者を対象としており，外国の医療保険が適用されている外国人および日本人が日本において受けた医療についてその給付が受けられるかどうかは，当該外国の制度に依存している。

(3) 年金脱退一時金の導入

日本の年金制度からの老齢年金を受けるためには，必要な受給資格期間（保険料納付済期間，保険料免除期間等）を満たさなければならない。この期間は25年以上とされていたため[6]，短期間しか日本に在留しない外国人は，日本に在留する間に日本の年金制度に加入し保険料を支払ったとしてもそれが年金給付に結びつかない。そこで，日本で支払った年金保険料が掛け捨てになってしまうことに対する改善措置として脱退一時金の制度が導入され，1995年から実施されている。

脱退一時金を請求することができる者は，被保険者期間が6ヵ月以上ある外国人で，年金を受給する資格のない者である。これに該当する外国人が日本国内に住所を有しなくなってから2年以内に申請した場合に，脱退一時金が支払われる。脱退一時金の額は，国民年金の場合には，保険料納付済月数に応じて4万9479円（保険料納付済期間が6ヵ月以上12ヵ月未満の場合）から29万6820円（保険料納付済期間が36ヵ月以上の場合）までとされている[7]。また，厚生年金の場合は被保険者であった期間の平均標準報酬額に支給率を乗じた額とされている。この場合の支給率は，資格喪失前年の保険料率の1/2に「被保険者期間に応じた数」を乗じた率である。また，「被保険者期間に応じた数」は被

---

6) この期間は2017年8月から10年以上に短縮された。
7) 金額は，2017年4月から2018年3月までの間に保険料納付済期間を有する者に対して支払われる脱退一時金の額である。

保険者期間に応じて6（被保険者期間6ヵ月以上12ヵ月未満）から36（被保険者期間36ヵ月以上）までとされている。

このような算定式からわかるように，短期在留外国人が在留中に支払った年金保険料の全額が脱退一時金として支払われるわけではない。また，この仕組みでは，日本で年金保険料を支払うことが日本または母国での年金受給を可能にすることや，年金額を増やすことに結びつかないという問題がある。

(4) 社会保障協定の締結

日本政府は，2000年2月に発効したドイツとの社会保障協定を皮切りに，諸外国との間の社会保障協定の交渉，締結を進めてきている。2017年10月23日現在，17ヵ国との社会保障協定が発効済み，3ヵ国との社会保障協定が署名済みとなっているほか，5ヵ国との間で交渉中，または予備協議中という状況にある（厚生労働省，2017b: 1）。

事業主により外国に派遣され就労している労働者については，派遣中でも自国の年金制度に継続して加入していることが多く，自国の年金制度と就労国の年金制度に二重に加入し保険料を支払うことを余儀なくされる場合がある。また，外国に短期間派遣され，就労している期間だけ就労国の年金制度に加入したとしても，年金を受給するために必要な被保険者期間を満たすことができない場合が多い。この場合には，就労国の年金制度に支払った保険料が掛け捨てになる。

これらの問題を解決するために，社会保障協定が締結され，相手国への派遣の期間が5年を超えない見込みの場合には，当該期間中は相手国の法令の適用が免除されている。また，相手国の年金制度への加入期間がある場合には，自国での期間と相手国での期間を通算し，通算した期間が年金を受給するために最低限必要とされる期間以上であれば，それぞれの国の制度における加入期間に応じた年金がそれぞれの国の制度から受けられるようになっている。

現在，発効あるいは署名済みの協定のうち，ベルギーなどとの協定では，年金制度のほかに医療保険，労災保険，雇用保険についても二重適用が防止されている。また，イギリス，韓国およびイタリアとの間の協定では，年金制度に関する加入期間の通算は行われず，二重適用の防止のみが行われている。

　以上のように，これらの社会保障協定は，主として日本の企業により外国に派遣される労働者および外国の企業により日本に派遣される労働者を念頭において，年金制度等の二重適用を防止することや年金保険料が掛け捨てになることを防ぐために加入期間を通算することを主たる目的としている。

　前章までで述べたように，ヨーロッパ諸国においては，国境を越えて移動する労働者等を対象として，それらの者が社会保障において直面する可能性のある問題を解決することを目的として，多国間および二国間で数多くの国際的な規則・協定が定められている。なかでも，EU規則にもとづき社会保障制度に関する調整を行う制度においては，労働者にかぎらず加盟国間を移動するEU市民全体を対象に，年金給付にかぎらない社会保障の幅広い分野の給付に関する包括的な調整が行われている。それらと比較すると，日本が諸外国と締結している社会保障協定は，国境を越える人の移動により社会保障に関して生じうる問題を全面的に解決するものではないことがわかる。

　以上述べたように，日本においても，日本と外国との間を移動する労働者等が社会保障に関して直面する可能性のある問題の解決に寄与しうる制度改正が行われてきた。しかしながら，この問題の根本的な解決のためには，これらにとどまらない包括的な対応策が必要である。

2. 目的

　日本と外国との間を移動する労働者等に適切な社会保障を行うための取組みは何を目的として行われることになるのであろうか。まず考えられることは，そのような労働者等の保護や生活の安定を目的とすることである。しかし，この目的だけでは対象国を特定することはできない。
　EUやドイツの例からは，移動する労働者等の保護や生活の安定のほかに，つぎのようなことが目的になりうるものと考えられる。
　第一は，経済的な利益を目的として労働者の移動を促進することである。EUは「労働者の自由移動」を通じて労働力の最適配分を実現することをその政策の重要な柱としている。EUが加盟国間での社会保障制度の調整を行っている主たる目的がまさにこれに該当する。さらに，労働者以外の者も含め，国境を越える人の移動全般を促進することを目的とすることも考えられる。この場合には，経済的な利益だけでなく，自分の希望に応じた国で教育を受けることや老後生活を送ることなど，いわば個人の幸福追求を尊重するという視点も含まれることになる。
　第二は，国内で必要とする外国人労働者を確保することである。たとえば，ドイツがトルコなどからの外国人労働者を募集するにあたっては，労働者の送出国との間で社会保障協定を締結し，当該送出国からの外国人労働者とその家族の社会保障については，ドイツが責任を引き受けることとした。この場合には，もっぱら国内での労働力不足を補うという雇用政策上の要請に応えることに重点がおかれる。
　第三は，外国企業の投資を促進し，国内雇用の維持・拡大に寄与することである。このような目的を有する例は，日本とドイツとの間の社会保障協定にみられる。ドイツ側は，ドイツが銀行をはじめとする多くの日本企業が立地する，日本経済の欧州での拠点となっていることを考慮し，二重適用を防止することにより，日本企業のドイツへの投資を促進

し，それを通じてドイツでの雇用の維持，創出に寄与することをその目的の一つとしている。

具体的にどのような目的が選択されるかは，日本が，外国との間の労働者等の移動について，どのような利益を得ることを目的として，どのような政策の基本方針を持つかに大きく依存する。

3. 解決策の検討

つぎにEUやドイツおける取組みを参考に，日本と外国との間を移動する労働者等が社会保障に関して直面する可能性のある問題を解決するための包括的な対応策について検討を行うこととする。

(1) 手段

国境を越えて移動する労働者等が社会保障に関して不利益を受けないようにするためには，そのような労働者等に関して異なる社会保障制度を有する国の間での調整を行うことが必要となる。このような調整を行うことは，日本が国内法を制定，改正することだけでは不可能である。なぜならば，いずれの国も他国の社会保障制度の適用範囲などを自ら定めることはできないからである。また，国をまたがる被保険者期間の通算のような調整に関する事務を実施するためには，他国の政府・保険者との事務協力体制が不可欠であり，日本が単独でそのような事務を実施できるわけではない。

したがって，国境を越えて移動する労働者等の社会保障に関して各国間での調整を行うためには，ドイツと他国との間やEU加盟国間でみられるように，関係国間の合意にもとづき調整の内容および調整のための事務協力について定めた条約（二国間または多国間の協定）あるいはEU規則のような超国家的な法が必要となる。

(2) 対象国

いずれの国との間で移動する労働者等を調整の対象とするか、すなわち、いずれの国との間で協定を締結するかは、調整の目的をどのように設定するかに依存する。仮に、上記2.の第二のような目的を設定する場合には、日本にとっては、いずれの国からの外国人労働者を確保したいと考えるのかが対象国の決定に重要な意味を持つ。

(3) 対象者

どのような範囲の人を調整の対象にするのかも、調整の目的によって異なってくる。労働者の自由移動の促進あるいは外国人労働者の確保を目的として解決策が講じられる場合には、その対象は労働者（従属的な就労を行う者）およびその家族になると考えられる。しかし、調整の目的によってはその対象をその他の者にまで拡大することが考えられる。

たとえば、EUにおける社会保障制度の調整の対象者は、もともとは労働者およびその家族とされていたが、今日では、稼得活動に従事するか否かにかかわりなくすべてのEU市民とその家族にまで拡大されている。その理由は、稼得活動に従事しない者であっても、自由移動の権利が認められることにより、たとえば、学生であれば他の加盟国で教育を受けることが可能になり、年金生活者であれば温暖な気候の加盟国で老後生活を送ることが可能になるなどのメリットが存在すると考えられるからである。

(4) 対象給付

調整の対象とする給付には、老齢年金などの年金給付に限らない、より広範な給付を含めることが考えられる。これらの給付については、その財源が保険料によるのか、租税によるのかによって区別する必然性はない。

問題となるのは，生活に困窮する者に対して最低限度の生活を保障するための社会扶助（生活保護）給付の取り扱いである。EUの場合でも，前述のように調整規則883/2004による調整の対象からは，社会扶助の給付が除外されている。このため，老齢給付（老齢年金）などの場合とは異なり，社会扶助給付受給者が他の加盟国に移動した場合には，それまでの居住国からの社会扶助給付は行われない。

　一方，EU市民の自由移動について定めた自由移動指令2004/38は，他の加盟国に滞在するEU市民は受け入れ加盟国の国民と同じ取扱いを受けることができると規定している。したがって，このようなEU市民は受け入れ加盟国の国民と同様に社会給付を受ける権利を有する。ただし，稼得活動に従事しないEU市民による社会扶助の受給に関しては，社会扶助の受給を目的とした移動を防止し，受け入れ加盟国を不適切な財政負担から守るために特別の規定が設けられている（第7章2.参照）。

　仮に，滞在期間を問わず日本に滞在する締約相手国の国民を日本人と同様に生活保護法の適用対象とする場合には，生活保護を受ける目的で日本に移動し，滞在する者についてどのような対応を行うかが問題となる。

(5)　適用法の決定

　複数の国で就労している労働者，居住国とは異なる国で就労している労働者などに対しては，いずれか一つの国の法（基本的に就労地の法）のみが適用される必要がある。これによって，一人の事業主に雇用される労働者に対しては，その者の国籍の如何を問わず同一の制度が適用される。

　ただし，事業主により相手国に派遣され，その国で当該事業主の責任の下で働く労働者の場合には，引き続き，それまでに就労していた国の制度を一定期間だけ適用することを認める必要がある。

　日本が外国と締結した社会保障協定にもこれらの考え方が適用されて

いるが，相手国に派遣された労働者にそれまで就労していた国の制度を適用する期間は5年以内となっている。これは，現在の社会保障協定が主な対象としている日本企業駐在員の人事ローテーションの実態に合わせて定められたものであり，他の先進国同士の調整の場合に比べて長くなっている（西村淳，2007: 152）。それ以外の者への適用を想定した場合には，この期間を短縮すべきかどうかについて検討する必要がある。

(6) 調整の基本的考え方と内容

おもに年金給付を対象として日本が外国との間で締結した社会保障協定においても，つぎのような調整の基本的考え方が適用されているが，より広範な給付を調整対象に含めることにともない，その内容の部分的な修正・追加が必要となる。

① 相手国国民の平等な取扱い

相手国の国民を自国民よりも不利に扱うことができないよう，相手国国民も自国民と同じ権利および義務を有することとする必要がある。これによって，給付の受給の可否や給付額について，受給者の国籍に応じた差を設けることはできなくなる。また，相手国国民が給付を受給する場合の要件として，自国民には求めない要件を求めることもできなくなる。また，国内居住要件のように，自国民でない者には相当に高い確率で不利をもたらすような規定・基準も認められない。

② 相手国における事実等の同等の取扱い

相手国での社会給付，収入，事情または出来事を自国でのものと同等に扱う必要がある。これにより，たとえば，ある給付を受ける場合に老齢年金の請求権を有することが必要とされる場合に，その国の老齢年金でなく，相手国の老齢年金であっても，この要件を満たすものとして取り扱われる。また，家族に関する現金給付の額が家族の数に応じたもの

である場合に，相手国に居住する家族も自国内に居住する者として家族の数に含められる。

③　相手国での期間の通算

　給付受給のためにその国での一定の被保険者期間が必要とされる場合には，他国に移動し，他国の社会保障制度の適用を受ける期間がある者は，その国にとどまる者に比べて不利な状況におかれる可能性がある。このような問題を解決するために，相手国での被保険者期間をその国での期間として取り扱い，期間の通算を行う必要がある。

　しかし，このような期間の通算が必要となるのは，老齢年金などの給付に限られるわけではない。失業給付の受給の可否，受給期間も被保険者期間に依存するため，失業給付を調整の対象に含める場合には，国境を越えて移動する労働者が不利にならないようするために期間の通算を行う必要が出てくる。

④　相手国に居住する受給権者への給付の実施

　受給権者が相手国に居住している場合においても，給付を受けられるようにする必要があるが，現金給付と現物給付では調整の方法が異なることが想定される。現金給付については，受給権者が相手国に居住している場合にも給付の減額，停止などを行わないこととする必要がある。

　ただし，調整の対象を失業給付にまで拡大する場合には，一定の留保が必要となる。その理由はつぎのとおりである。失業給付を受給する者は求職活動を積極的に行うことにより失業期間をできるかぎり短くすることが求められる。その実効を担保するうえで，公共職業安定所による求職活動の監督が重要な意味を有している。この監督は，通常は失業給付を行わなければならない国において最も適切に行われると考えられる。しかしながら，このような留保は，労働市場が国境を越えて拡大するなかで，相手国において求職活動を行うことへの妨げとなる可能性も

あり，どのようにして両者のバランスをとるかが問題となる。

　一方，調整の対象を医療などの現物給付にも拡大し，相手国に居住する受給権者にも給付を実施することになれば，送金が可能な現金給付とは別の方法を採用せざるを得ないと考えられる。なぜならば，労働者の家族などが就労国とは別の相手国に居住している場合に，就労国の管轄保険者がその者に対して直接に現物給付を実施することはできないからである。したがって，このような場合には，受給権者は居住している相手国においてその国のルールに従って医療給付を受給できることとし，就労国の管轄保険者がそれに要した費用を負担するような仕組みが必要になる。この結果，当該受給権者は，居住国の医療保険制度に加入している場合と同じ範囲の医療給付を同等の自己負担により受けることができる。

⑤　良好な事務協力体制の確立

　上記①から④までで述べた基本的考え方に沿った調整を迅速かつ確実に実施するためには，締約国の政府・保険者間での良好な事務協力体制を確立する必要がある。

(7)　円滑な実施の確保

　EU加盟国間では司法裁判所が「社会保障制度の調整に関する規則」の解釈・適用の監視を行っている。前述のとおり，この規則の解釈・適用に関する多くの訴訟が提起され，それに対する司法裁判所の判決（先決裁定）が積み重ねられている。欧州裁判所の判決は，規則そのものと並んで，この調整のルールとして重要な役割を担っている。このような経験からは，社会保障制度の調整に関しては，調整のルールの解釈・適用を巡って，様々な争いが起きることが予想される。このため，社会保障制度に関する調整の円滑な実施を確保するうえで，調整の内容や手続きを定める協定の解釈・適用をめぐる争いを迅速に解決するための仕組

みが重要な意味を持つ。

(8) 制度の適正な適用

　前述のような考え方に立って社会保障制度の調整を行うための制度が構築されたとしても，たとえば，当該外国人労働者に本来は就労国の社会保険が適用されるべきであるにもかかわらず，事業主から必要な届出などがなされず，実際には社会保険が適用されないことや支払われるべき社会保険料が支払われない可能性がある。外国人労働者に関する社会保険の適用や社会保険料の支払いが適正に行われることは，当該労働者の保護のみならず，事業主間での公正な競争を確保するうえでも重要である。なぜならば，社会保険料の負担を逃れる事業主は，それによって法を順守する事業主よりも競争において有利な立場に立つことになるからである。

　こうした問題を解決するためには，それによって職を失うことをおそれる外国人労働者からの情報提供を待つのではなく，社会保険の保険者，税務当局，労働行政機関など国内関係機関が連携して，外国人労働者の雇用，外国人労働者への賃金の支払いおよび社会保険の適用状況に関する情報を迅速かつ的確に把握し，必要な措置を取ることができる体制を作り上げていくことが重要である。

4. 評価と課題

　国境を越えて移動する労働者は，母国にとどまる場合に比べて，社会保障に関して不利になる可能性がある。その原因は，そのような労働者にとって各国の社会保障制度は必ずしも整合的なものとなっていないことにある。そのために適切な社会保障を受けられないことは，国境を越えて移動する労働者やその家族にとって問題があるだけでなく，国境を越える労働者の円滑な移動を阻害する要因にもなるおそれがある。

日本においても，外国人への社会保障制度の適用拡大，外国での治療に対する医療保険の適用，年金脱退一時金の導入のように，国内法の改正により日本と外国との間を移動する労働者が社会保障に関して直面する可能性のある問題の解決にも寄与しうる制度改正が行われてきた。
　しかし，国の領域を越える問題について国内法で対応することには限界がある。問題の根本的な解決には，国の間での合意にもとづき，国境を越えて移動する労働者等を対象に社会保障制度に関する調整を行うための国際的なルールを定める必要がある。
　近年においては，日本も，ドイツなどヨーロッパ諸国において長年にわたり締結・実施されてきた社会保障協定の考え方を取り入れ，様々な国との間で社会保障協定の交渉・締結を進めている。これにより，日本においても，労働者等の国際移動にともなう問題を解決するための本格的な取組みが開始されたものと評価することができる。しかし，これらの社会保障協定は，主として日本の企業により外国に派遣される労働者，および外国の企業により日本に派遣される労働者を念頭において，年金制度等の二重適用を防止することや年金保険料が掛け捨てになることを防ぐために加入期間を通算することを主たる目的としている。
　ヨーロッパ諸国などにおいては，国境を越えて移動する労働者等を対象として，それらの者が社会保障において直面する可能性のある問題を解決することを目的として数多くの国際的な規則・協定が定められている。労働者にかぎらず加盟国間を移動するEU市民全体を対象に社会保障の幅広い分野の給付に関して包括的な調整を行っているEU加盟国間はもとより，ドイツが二国間協定にもとづき行っている調整に照らしても，日本が諸外国と締結している現在の社会保障協定は，国境を越える労働者等の移動により社会保障に関して生じる可能性のある問題を部分的に解決するものにすぎない。
　したがって，日本と外国との間を移動する労働者等の増加に対応し，これらの人々が適切な社会保障を受けられるようにするためには，いっ

そうの取組みが必要になると考えられる。長年にわたりこの問題に取り組んできたヨーロッパ諸国で蓄積された知識や経験は，調整の考え方や具体的な制度のあり方を検討する重要な基礎になりうるものと考えられる。しかし，調整に関する制度の目的や対象範囲を定めるためには，日本と相手国がその間での人の移動についてどのような基本方針を持つのかが重要となる。また，具体的な制度のあり方については，日本や相手国との間での人の移動の実態や社会保障制度の現状に応じた検討を加えていく必要がある。社会保障の調整のための制度は日本による取組みだけで出来上がるわけではなく，相手国との間での合意と協力があって初めて構築し，実施することが可能になるものである。その意味で，より良い制度の構築に向けた相互の取組みが重要になる。

引用文献

【外国語文献】

Ausschuss der Regionen (AdR) (2013) *Stellungnahme "Grenzgänger-Bestandsaufnahme nach 20 Jahren Binnenmarkt: Probleme und Perspektiven"*, 102. Plenartagung vom 3./4. Juni 2013, Brüssel, ECOS-V-041.

Baumann H. (2011) Patientenrechte in der grenzüberschreitenden Gesundheitsversorgung, *Soziale Sicherheit* (Wien), 3/2011, 183-189.

Becker U. (2006) Der Sozialstaat in der Europäischen Union, *der Städtetag*, 6/2006, 12-16.

Becker U. (2009) Der nationale Sozialstaat in der Europäischen Union: von Einwirkungen und Verschränkungen, in: Bělina M., Kalenská M. (Hrsg.), *Pocta Petru Trösterovi k 70. narozeninám*, Praha, 49-61.

Bieback K.-J. (2015) Öffnung des Krankenhausmarkts in Europa für Qualitätswettbewerb?, *ZESAR*, 02/15, 55-59.

Biervert B. (2008) Artikel 249, in: Schwarze J. (Hrsg.), *EU-Kommentar*, 2. Aufl., Baden-Baden, 1880-1896.

Bokeloh A. (2012) Das Petroni-Prinzip des Europäischen Gerichtshofs, *ZESAR*, 03/12, 121-129.

Bokeloh A. (2016a) Der Europäische Gerichtshof und die Koordinierung der Familienleistungen, *ZESAR*, 09.16, 358-364.

Bokeloh A. (2016b) Die Rechtsstellung Drittstaatsangehöriger im Europäischen Sozialrecht, *ZESAR*, 02.16, 69-78.

Brunner A., Wieninger M. (2014) Die Interaktion zwischen den EU-Koordinierungsverordnungen und der nationalen Umsetzung der EU-Patientenmobilitätsrichtlinie im Bereich der Erstattungsverfahren, *Soziale Sicherheit* (Wien), 11/2014, 521-528.

Bundesministerium für Arbeit und Soziales (BMAS) (2014) *Abschlussbericht des Staatssekretärausschusses zu "Rechtsfragen und Herausforderungen bei der Inanspruchnahme der sozialen Sicherungssysteme durch Angehörige der EU-Mitgliedstaaten"*. (http://www.bmas.de)

Bundesministerium für Arbeit und Soziales (BMAS) (2015) *Übersicht über das Sozialrecht*, Nürnberg.

Cornelissen R. (2009) 50 Years of European Social Security Coordination, in:

Eichenhofer E. (Hrsg.), *50 Jahre nach ihrem Beginn. Neue Regeln für die Koordinierung sozialer Sicherheit*, Berlin, 17-72.

Cornelissen R., Van Limberghen G. (2015) Social security for mobile workers and labour law, in: Pennings F., Vonk G. (ed.), *Research Handbook on European Social Security Law*, Cheltenham, 344-384.

Devetzi S. (2009) Familienleistungen in der Verordnung (EG) 883/2004, in: Eichenhofer E. (Hrsg.), *50 Jahre nach ihrem Beginn. Neue Regelung für die Koordinierung sozialer Sicherheit*, Berlin, 291-303.

Devetzi S. (2010) Das Europäische koordinierende Sozialrecht auf der Basis der VO (EG) 883/2004, in: Eichenhofer E., *Sozialrecht in Europa*, Berlin, 117-137.

Devetzi S. (2012) Vom "Bosmann" zu "Hudzinski" und "Wawrzyniak" : Deutsches Kindergeld in Europa, *ZESAR*, 11-12/12, 447-451.

Eichenhofer E. (2010a) Artikel 1 Begriffbestimmungen, in: Fuchs M. (Hrsg.), *Europäisches Sozialrecht*, 5. Aufl., Baden-Baden, 87-102.

Eichenhofer E. (2010b) Neue Koordination sozialer Sicherheit (VO (EG) Nrn. 883/2004, 987/2009, *Sozialgerichtsbarkeit*, 04/10, 185-192.

Eichenhofer E. (2015) *Sozialrecht der Europäischen Union*, 6. Aufl., Berlin.

Eichenhofer E. (2017) Die Vorschläge der EU-Kommission zur Revision der Verordnung (EG) Nr. 883/2004, *Soziale Sicherheit*, 6/2017, 244-249.

Europäische Kommission (2005) *Bunutzerleitfaden, Richtlinie 2005/36/EG*.

Europäische Kommission (2013) *Mitteilung der Kommission an das Europäische Parlament, den Rat, den Europäischen Wirtschafts- und Sozialausschuss und den Ausschuss der Regionen. Freizügigkeit der EU-Bürger und ihrer Familien: fünf grundlegende Maßnahmen*, Brüssel, den 25.11.2013, OM(2013) 837 final.

Europäische Kommission (2014) *Die Europäische Union erklärt. So funktioniert die Europäische Union*, Brüssel.

Eurostat (2017) "Arbeitslosenquote im Euroraum bei 9.6 %" *Pressemittelung*, 22/2017 - 31. Januar 2017. (http://www.ec.europa.eu/eurostat)

Fuchs M. (2013a) Artikel 3 Sachlicher Geltungsbereich, in: Fuchs M. (Hrsg.), *Europäisches Sozialrecht*, 6. Aufl., Baden-Baden, 116-136.

Fuchs M. (2013b) Artikel 70 Allgemeine Vorschrift, in: Fuchs M. (Hrsg.), *Europäisches Sozialrecht*, 6. Aufl., Baden-Baden, 439-445.

Fuchs M. (2013c) Die Koordinierung der Leistungen bei Arbeitslosigkeit,

ZESAR, 09.13, 343–350.

Haratsch A., Koenig Ch., Pechstein M. (2016) *Europarecht*, 10. Aufl., Tübingen.

Herdegen M. (2013) *Europarecht*, 15. Aufl., München.

Hernekamp J., Jäger-Lindemann S. (2011) Die neue Richtlinie zur Patientenmobilität, *ZESAR*, 10/11, 403–412.

Jorens Y. (2016) Das europäische Recht der Verordnungen zur Koordinierung der Sozialversicherung: quo vadis?, *Zeitschrift für ausländisches und internationales Arbeits- und Sozialrecht*, 1/2016, 67–83.

Kaeding N. (2015) Patientenmobilität und Steuerungsmechanismen in der Europäischen Union, *ZESAR*, 11./12.15, 457–463.

Kreuzhuber M., Hudsky D. (2011) *Arbeitsmigration*, Wien.

Kubicki, Ph. (2014) Aktueller Begriff Europa. EuGH, Rs. C-140/12 (Brey): EU-Aufenthaltsrecht und Zugang zu Sozialleistungen, *Wissenschaftliche Dienste*, Nr. 01/14.

Kühteubl S., Wieder S. (2011) Das neue Lohn- und SozialdumpingbekämpfungsG, *Zeitschrift für Arbeits- und Sozialrecht (ZAS)*, 2011/04, 208–219.

Kuzmich E., Das Lohn- und Sozialdumping-Bekämpfungsgesetz (LSDB-G) (2012) *Soziale Sicherheit* (Wien), 10/2012, 475–480.

Nadlinger B. (2011) Das Lohn- und Sozialdumping-Bekämpfungsgesetz, *Arbeits- und Sozialkartei*, 15. Jahrgang / Mai 2011, 53–58.

Pennings F. (2003) *Introduction to European Social Security Law*, 4th Edition, Antwerp.

Pennings F. (2009) Koordinierung der Leistungen bei Arbeitslosigkeit nach der Verordnung 883/2004, in: Eichenhofer E. (Hrsg.), *50 Jahre nach ihrem Beginn. Neue Regelung für die Koordinierung sozialer Sicherheit*, Berlin, 265–290.

Pennings F. (2015a) *European Social Security Law*, 6th Edition, Cambridge.

Pennings F. (2015b) Principles of EU coordination of social security, in: Pennings F., Vonk G. (ed.), *Research Handbook on European Social Security Law*, Cheltenham, 321–343.

Petersen U. (2012) "Sozialversicherungsabkommen", in: von Maydell B., Ruland F., Becker U. (Hrsg.), *Sozialrechtshandbuch (SRH)*, 5. Aufl., Baden-Baden, 1524–1543.

Schlegel R. (2007) Gesetzliche Krankenversicherung im Europäischen Kontext. Ein Überblick, *Die Sozialgerichtsbarkeit*, 12/07, 700–712.

Schoukens P., Pieters D. (2009a) Verordnung (EG) 883/2004. Eine neue Architektur der Koordination? Neue Regeln über das anwendbare Recht, in: Eichenhofer E. (Hrsg.), *50 Jahre nach ihrem Beginn. Neue Regeln für die Koordinierung sozialer Sicherheit*, Berlin, 143-191.

Schoukens P., Pieters D. (2009b) The Rules within Regulation 883/2004 for Determing the Applicapable Lagislation, *European Journal of Social Security*, 11(1-2), 81-117.

Schuler R. (1988) *Das Internationale Sozialrecht der Bundesrepublik Deutschland*, Baden-Baden.

Schulte B. (2007a) 50 Jahre Römische Verträge – 50 Jahre Europäisches Sozialrecht, Teil 1, *ZFSH/SGB*, 05/2007, 259-270.

Schulte B. (2007b) Vom Gastarbeiter bis Mitbürger: 50 Jahre europäische Sozialrechtskoordinierung, *Die Zeitschrift der Deutschen Rentenversicherung Schwaben*, Sonderausgabe im Januar 2007, 38-49.

Schulte B. (2008) Pflege in Europa, Teil 1, *ZFSH/SGB*, 12/2008, 707-718.

Schulte B. (2010a) Die neue europäische Sozialrechtskoordinierung (Teil I), *ZESAR*, 04/10, 143-154.

Schulte B. (2010b) Die neue europäische Sozialrechtskoordinierung (Teil II), *ZESAR*, 5-6/10, 202-215.

Schulte B. (2010c) Problem der grenzüberschreitenden Erbringung und Inanspruchnahme von Gesundheitsleistungen in der Europäischen Union, in: Klein H., Schuler R. (Hrsg.), *Krankenversicherung und grenzüberschreitende Inanspruchnahme von Gesundheitsleistungen in Europa*, Baden-Baden, 95-139.

Schulte B. (2012a) Patientenmobilität in Europa, *Gesundheitsrecht*, 2/2012, 72-78.

Schulte B. (2012b) § 33 Supranationales Recht, in: von Maydell B., Ruland F., Becker U. (Hrsg.), *Sozialrechtshandbuch (SRH)*, 5. Aufl., Baden-Baden, 1434-1500.

Schulte B. (2014a) Das Sozialrecht in der Rechtsprechung des Europäischen Gerichtshofs im Jahr 2013, in: Udsching P., Rolfs Ch. (Hrsg.), *Jahrbuch des Sozialrechts. Dokumentation für das Jahr 2013*, Berlin.

Schulte B. (2014b) Politik der Aktivierung, Recht auf Teilhabe und das "EU-Recht auf Jobsuche im Ausland": Herausforderungen für das Europäische Koordinierungsrecht (Teil 1), *ZESAR*, 02.14, 58-69.

Schulte B. (2014c) Politik der Aktivierung, Recht auf Teilhabe und das "EU-Recht auf Jobsuche im Ausland": Herausforderungen für das Europäische Koordinierungsrecht (Teil 2), *ZESAR*, 03.14, 112-120.

Steinlechner G., Weiß C. (2012) *Kollektivverträge für das Hotel- und Gastgewerbe*, Wien.

Training and Reporting on European Social Security (trESS) (2012) *Coordination of Unemployment Benefits. Think Tank Report 2012*, Gent.

Thüsing G., Hütter G. (2016) Kindergeld und Europarecht: Welcher Handlungsspielraum besteht?, Neue Zeitschrift für Sozialrecht, 11/2016, 411-413.

Wiener Gebietskrankenkasse (WGKK) (2017) Lohn- und Sozialdumping Bekämpfung LSDB. (http://www.wgkk.at)

Wiesinger Ch., Lohn- und Sozialdumping-Bekämpfungsgesetz (LSD-BG) (2016) *Arbeits- und Sozialkartei*, 20. Jahrgang / November 2016, 1-158.

【日本語文献】

岩村正彦（2001）『社会保障法Ⅰ』引文堂。

岡 伸一（2016）『欧州社会保障政策論―社会保障の国際関係論』晃洋書房。

川口美貴（1999）『国際社会法の研究』信山社出版。

菊池馨実（2014）『社会保障法』有斐閣。

厚生労働省（2017a）「「外国人雇用状況」の届出状況まとめ（平成28年10月末現在）」。(http://www.mhlw.go.jp)

厚生労働省（2017b）「海外で働かれている皆様へ（社会保障協定）」。(http://www.mhlw.go.jp)

庄司克宏（2007）『欧州連合―統治の論理とゆくえ』岩波書店。

庄司克宏（2013）『新EU法　基礎篇』岩波書店。

手塚和彰（2005）『外国人と法』有斐閣。

中村民雄（2016）『EUとは何か―国家ではない未来の形』第2版，信山社。

西村健一郎（2003）『社会保障法』有斐閣。

西村淳（2007）「社会保障協定と外国人適用―社会保障の国際化に係る政策動向と課題」国立社会保障・人口問題研究所『季刊　社会保障研究』43巻2号，149-158頁。

原田啓一郎（2013）「第11章　欧州連合（EU）」加藤智章・西田和弘編『世界の医療保障』法律文化社，213-277頁。

ファンランゲンドンク・ジェフ（河野正輝訳）（2010）「第11章　社会保障の

将来像」河野正輝・良永彌太郎・阿部和光・石橋敏郎編『社会保険改革の法理と将来像』法律文化社, 231-264頁。

福田耕治, 福田八寿絵 (2009)『EU・国境を越える医療—医療専門職と患者の自由移動』文眞堂。

堀勝洋 (1983)「社会保障法判例」社会保障研究所『季刊社会保障研究』18巻4号, 501-506頁。

堀勝洋 (1994)『社会保障法総論』東京大学出版会。

松本勝明 (2011)『ヨーロッパの介護政策—ドイツ, オーストリア, スイスの比較分析』ミネルヴァ書房。

松本勝明 (2017)『社会保険改革—ドイツの経験と新たな視点』旬報社。

〔初出一覧〕

第1章,第7章
「EU市民のEU域内での自由移動と社会給付の受給 ―日本への示唆―」北海道大学公共政策大学院『年報　公共政策学』第9号,2015年。

第2章,第3章
「国境を越える人の移動に対応した社会保障の調整　―新たなEU規則の意義と課題―」青山学院大学法学会『青山法学論集』第53巻第4号,2012年。

第4章
「国境を越える人の移動に対応した医療制度―EUにおける取組みと日本への示唆―」北海道大学公共政策大学院『年報　公共政策学』第7号,2013年。

第8章
「労働者の自由移動と社会保障―EU加盟国の拡大に対応したオーストリアの取組み―」北海道大学公共政策大学院『年報　公共政策学』第8号,2014年。

第11章
「国境を越える労働者の移動に対応した社会保障」社会政策学会『社会政策』第8巻第1号,ミネルヴァ書房,2016年。

事項索引

【あ】

ILO（国際労働機関）	28
アクティベーション措置	141, 191
アムステルダム条約	69
案分比例給付	56, 114

【い】

EU 市民権	20
EU 市民とその家族の加盟国の領域内で自由に移動および滞在する権利に関する指令（指令 2004/38）	21
EU 派遣確認	171
EU 法の優越性	37
域内市場	15
域内市場におけるサービスに関する指令	94

【え】

越境通勤者	77

【お】

欧州委員会	31
欧州議会	35
欧州共同体	15
欧州共同体設立条約	20
欧州経済共同体	15
欧州経済共同体設立条約（ローマ条約）	30
欧州経済領域に関する条約	68
欧州石炭・鉄鋼共同体	29
欧州評議会	29
欧州連合	15
欧州連合（EU）機能条約	16
欧州連合運営条約	15
欧州連合司法裁判所	37
欧州連合条約	15
オープンな協定	200

【か】

海外療養費	214
開業の自由	17
外国人就労法	170
外国人労働者の相互的待遇に関する勧告（勧告第2号）	28
開放型調整方式	184
家族給付の優先順位	59
管轄加盟国	52, 86
管区行政当局	177
患者権利指令 2011/24	95
間接的な差別	41

【き】

希少疾病	97
規則	36
基本的自由	16
求職者基礎保障	146, 160
共同体内で移動する労働者およびその家族への社会保障制度の適用に関する規則（規則 1408/71）	30
共同体内で移動する労働者およびその家族への社会保障制度の適用に関する規則の実施に関する規則（規則 574/72）	30
居住地法原則	48, 75

【く】

クローズドな協定	200

【け】

経済危機と医療供給に関する帰結	103
現実額	57, 114

事項索引　235

【こ】

公共の利益にもとづくやむをえない理由	91
国民国家	33
国境を越える保健医療サービスにおける患者の権利の行使に関する指令（指令 2011/24）	95

【さ】

サービスの自由移動	18

【し】

実施規則 987/2009	36
司法裁判所	31
社会給付	40
社会詐欺	172
社会保障制度の調整に関する規則（規則 883/2004）	31, 36
社会保障制度の調整に関する規則の実施方法の定めに関する規則（規則 987/2009）	32, 36
社会保障制度への移民	165
社会保障に関する暫定協定	29
社会保障の最低基準に関する条約（ILO102号条約）	71
自由移動指令	21
自由移動に関するスイス連邦と欧州共同体およびその加盟国との間の協定	68
就労許可	172
就労地法原則	48
準備期間	107
障害，老齢，寡婦および遺児保険に関する権利の保全のための国際制度の確立に関する条約（条約第48号）	28
職業継続訓練	142
職業資格	105
職業資格指令 2005/36	106
職業資格の承認に関する指令（指令 2005/36）	106
職業紹介バウチャー	144
指令	36
新規加盟8ヵ国	168

【せ】

先決裁定手続	37

【そ】

相互承認指令	105
ソーシャルツーリズム	151, 190
ソーシャルパートナー	174
属地主義	33

【た】

第一次法	16
第二次法	36
団体協約	172

【ち】

地域疾病金庫	173
仲裁裁判所	207
超国家的性格	37
調整加給金	156
調整規則 883/2004	36
直接的な差別	41
賃金・社会ダンピング対策管轄センター	178

【つ】

通常立法手続	35

【て】

出稼ぎ労働者の社会保障に関する規則（規則 3/58）	30
出稼ぎ労働者の社会保障に関する規則の実施および補足に関する規則（規則 4/58）	30
出稼ぎ労働者の社会保障に関するヨーロッパ協定	29

【と】

特定多数決	35
独立給付	56, 114
独立行政評議会	178

【な】

難民	39
難民条約の批准にともなう法整備	212
難民の地位に関する条約	39, 212

【に】

二重適用の防止	217
西ヨーロッパ連合条約（ブリュッセル条約）	28
2010年バート・イシュル対話	174

【は】

ハーモナイゼーション	183
排他的な効果	48
ハイブリッドな現金給付	46, 154
派遣許可	172
派生法	36

【ひ】

ビスマルク型	31, 188
被保険者期間等	43

【へ】

ベヴァリッジ型	31, 188
Petroni 原則	119

【ほ】

包括的な協定	201
法務官（アボカジェネラル）	101
法令	39
保険料の二重負担	202
本質的な部分	51, 76

【ま】

マーストリヒト条約	20, 39

【む】

無国籍者	39
無国籍者の地位に関する条約	39
無制限の所得税納付義務	125

【ゆ】

有利原則	119

【よ】

ヨーロッパ医療保険カード	88

【り】

理事会	35
理論額	57, 114

【れ】

連絡機関	207

【ろ】

労働市場―未来2010年	174
労働者災害補償についての内外国人労働者の均等待遇に関する条約（条約第19号）	28
労働者の自由移動	16
労働力の最適配分	32

【わ】

One-Stop 手続き	109

判例索引

Acciardi 事件（1993 年）［Rs. C-66/92］ ……………………………… 133
Alimanovic 事件（2015 年）［Rs. C-67/14］ …………………………… 160
Bosmann 事件（2008 年）［Rs. C-352/06］ ………………… 49, 62, 121, 126, 189
Brey 事件（2013 年）［Rs. C-140/12］ ………………………………… 156
Campana 事件（1987 年）［Rs. C-375/85］ …………………………… 142
Caves Krier 事件（2012 年）［Rs. C-379/11］ ………………………… 146
Coonan 事件（1980 年）［Rs. 110/79］ ………………………………… 42
Dano 事件（2014 年）［Rs. C-333/13］ ………………………………… 158
Decker 事件（1998 年）［Rs. C-120/95］ ……………………………… 89
De Cuyper 事件（2006 年）［Rs. C-406/04］ ………………………… 133
Factortame 事件（1991 年）［Rs. C-221/89］ ………………………… 18
Frilli 事件（1972 年）［Rs. 1/72］ ………………………………… 46, 152
Hudzinski および Wawrzyniak 事件（2012 年）［Rs. C-611/10, 612/10］ …… 125
Ioannidis 事件（2003 年）［Rs. C-326/00］ …………………………… 88
ITC 事件（2007 年）［Rs. C-208/05］ ………………………………… 144
Jauch 事件（2001 年）［Rs. C-215/99］ ………………………………… 55
Kempf 事件（1986 年）［Rs. 139/85］ ………………………………… 17
Kohll 事件（1998 年）［Rs. C-158/96］ ………………………………… 89
Molenaar 事件（1998 年）［Rs. C-160/96］ ………………………… 53, 193
Petersen 事件（2008 年）［Rs. C-228/07］ …………………………… 138
Petroni 事件（1975 年）［Rs. 24/75］ ………………………… 115, 117-120, 129
Petru 事件（2014 年）［Rs. C-268/13］ ………………………………… 99
Salomone Haim 事件（1994 年）［Rs. C-319/92］ …………………… 108
Smits および Peerbooms 事件（2001 年）［Rs. C-157/99］ …………… 19, 92
Stamatelaki 事件（2007 年）［Rs. C-444/05］ ………………………… 119
Ten Holder 事件（1986 年）［Rs. 302/84］ …………………… 49, 120, 125
The Queen/Ministry of Agriculture 事件（1989 年）［Rs. 3/87］ ……… 18
Vaassen-Goebbels 事件（1966 年）［Rs. 61/65］ ……………………… 55
van Roosmalen 事件（1986 年）［Rs. 300/84］ ………………………… 67
Vatsouras および Koupatantze 事件（2009 年）［Rs. C-22/08, 23/08］ ……… 145
Watson および Belmann 事件（1976 年）［Rs. 118/75］ ……………… 17
Watts 事件（2006 年）［Rs. C-372/04］ ………………………………… 93

(略語)　Rs.: Rechtssache.

著者紹介

松本勝明（まつもと　かつあき）

熊本学園大学教授。博士（法学）。1980年京都大学経済学部卒業，厚生省入省。在独日本大使館一等書記官，千葉大学助教授，厚生省福祉人材確保対策室長，マックス・プランク外国・国際社会法研究所招聘研究者，一橋大学教授，国立社会保障・人口問題研究所政策研究調整官，北海道大学教授などを経て，2016年から現職。社会保障の国際比較を中心に研究。主な著作に，『ドイツ社会保障論Ⅰ─医療保険─』（信山社，2003年），『ドイツ社会保障論Ⅱ─年金保険─』（信山社，2004年），『ドイツ社会保障論Ⅲ─介護保険─』（信山社，2007年），Reformen der sozialen Sicherungssysteme in Japan und Deutschland angesichts der alternden Gesellschaft, Nomos Verlag, 2007,『ヨーロッパの介護政策』（ミネルヴァ書房，2011年），『医療制度改革─ドイツ・フランス・イギリスの比較分析と日本への示唆』（編著，旬報社，2015年），『社会保険改革－ドイツの経験と新たな視点』（旬報社，2017年）など。

熊本学園大学付属社会福祉研究所　社会福祉叢書26

労働者の国際移動と社会保障
EUの経験と日本への示唆

2018年3月10日　初版第1刷発行

著　者	松本勝明
デザイン	佐藤篤司
発行者	木内洋育
発行所	株式会社　旬報社
	〒162-0041　東京都新宿区早稲田鶴巻町544 中川ビル4F
	Tel 03-5579-8973　Fax 03-5579-8975
	ホームページ　http://www.junposha.com/
印　刷	中央精版印刷

©Katsuaki Matsumoto 2018, Printed in Japan
ISBN 978-4-8451-1535-8